我的
百科人生

吴良镛　著

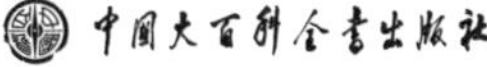

图书在版编目（CIP）数据

我的百科人生 / 吴良镛著 . —北京：中国大百科全书出版社，2022.5

ISBN 978-7-5202-1129-1

Ⅰ . ①我… Ⅱ . ①吴… Ⅲ . ①吴良镛 - 自传 Ⅳ . ① K826.16

中国版本图书馆 CIP 数据核字（2022）第 081297 号

出 版 人：刘祚臣
策 划 人：蒋丽君
特别鸣谢：毛其智　武廷海　郭　璐
责任编辑：裴菲菲
责任印制：邹景峰
出版发行：中国大百科全书出版社
地　　址：北京阜成门北大街 17 号
电　　话：010-88390718
邮政编码：100037
设计制作：静　颐
排　　版：梁伟侠
印　　制：小森印刷（北京）有限公司
字　　数：200 千字
印　　张：14.5
开　　本：710 毫米 × 1000 毫米 1/16
版　　次：2022 年 5 月第 1 版
印　　次：2022 年 5 月第 1 次印刷
书　　号：ISBN 978-7-5202-1129-1
定　　价：98.00 元

大道至簡

大美天成

高鐘隸書

目录

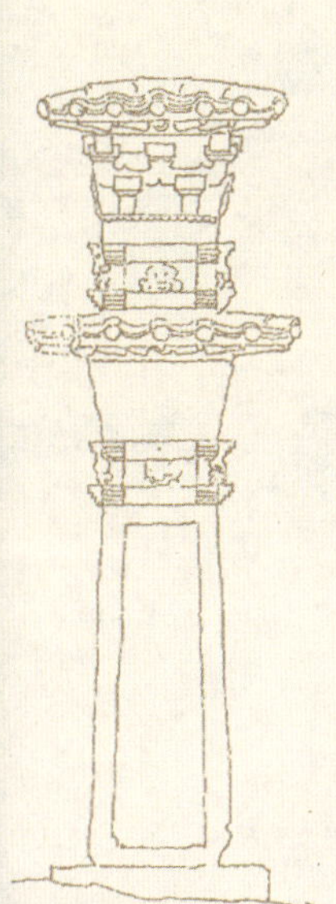

求學

第一章 求学

父母亲一直鼓励我们兄弟读书。在那个时候，父母送我们上学，进的是『洋学堂』，要顶着保守的缀业生意人的种种闲话。我名字中的『镛』字，意即大钟。我在小学时父母为我取别号振声，又名如响，取『君子如响』『大扣之则大鸣』之意。

我对五年级时候的一次考试印象很深。当时同学们问我能考多少，我说七八十分吧，后来得到了五十分。年级主任仇眉轩路过时听到了，在课堂上狠狠地批评我：『吴良镛骄傲了，不是如他自己所说的七八十分，而是五十分！』我那时候真感无地自容。我到现在快一百岁了还记得这个教训，它让我认识到一辈子一定要兢兢业业的，稍有放松可能就会出问题。

“稍有放松可能就会出问题”

时局动荡，家道中衰

我 1922 年出生于南京，当时国家正值内忧外患，中国大地战火连连，苦难深重。很小的时候，南京的时局稳定过一阵子。现在看来，是北伐战争结束后的那段时间，当时的《首都计划》[①] 在拟定变化中，南京城有不少工程建设，新盖了不少房子，修建了政府大楼，修建了中山陵。为举行“奉安大典”[②]，专门修了中山路，以便孙中山先生的灵柩从北京迁到南京。这些建设方面的零碎记忆，对我后来选择建筑专业有些影响。

没过多久，时局就变了。1931 年“九一八”事变，日本占领东北，对华北虎视眈眈，汉奸殷汝耕说华北要“自治”。南京也不安宁，我还记得当时在南京日本使馆的一个官员突然“失踪”了，日本就派军舰到下关，解开炮衣准备开战，以此相威胁。后来中国警方在中山陵找到了这个“失踪者”。闹剧被揭穿，“失踪者”被送回日本，此事悻悻收场。1932 年，我上小学三年级，又是“一·二八”事变，上海打仗。这样的大动荡接二连三。当时的国际联盟[③] 派李顿爵士来南京调查，学生列队欢迎。我住在老城南，要去城北迎接。当时我个子小，跑得慢，还被老师打过耳光。

① 1928 年，南京国民政府成立首都建设委员会，下设国都设计技术专员办事处，负责南京城市规划工作。《首都计划》于 1929 年 12 月制定，是近代中国较早的一次较系统的城市规划工作。（除特别说明外，本书注释均为编者所加。）

② 南京国民政府在南京为孙中山先生举行的葬礼。

③ 第一次世界大战结束后建立的国际组织，全称国际联盟，简称“国联”。总部设在瑞士日内瓦。国联对日本侵略中国，意大利侵略埃塞俄比亚，德、意干涉西班牙，德国侵占奥地利，均采取绥靖政策。第二次世界大战爆发后，国联名存实亡。1946 年 4 月 19 日正式解散，所属财产和档案移交联合国。

1920 年代末到 1930 年代，世界经济萧条，很小的时候我常常在报纸上见到“经济不景气”的字样。我家里原来是做缎业生意的，这曾是南京的优势行业。历史上南京丝织业很发达，但在这样的时局下也受到了影响，商铺纷纷倒闭。我家的缎业也凋敝了，当时最多能向云南地区卖一些，因为当地的土司还有些需求。

我家居住在城南门谢公祠。在我幼时的记忆中，第一个院子中央的石盆上有荷花，院西南有蜡梅一株，正厅中悬有朱柏庐[①]的治家格言。隐约记得在第三进屋子西侧的一个院子有一棵石榴树；有两口井，一口自用，另一口通向墙外供邻居用。

我家过去也有字号，叫“吴德泰”。听我母亲说，我的祖父名吴有禄，号寄梅，做缎业为主。祖父有一个理念——“积财不如积德”。他热心于公益事业，夏季备解暑药、冬季办粥厂，救济穷人，家中大门门联“绵世泽莫如为善，振家声还是读书”。祖父还是个社会活动家，1914 年，南京曾举办“南洋劝业会”，这是一个很大的国际博览会，目的在振兴实业，我祖父是绸缎业公会的副会长，是社会上的活跃人物，口碑很好。我还记得我四五岁的时候，家里让我去街上买菜，有人指着我说：“这是寄梅的孙子。”

听母亲讲，祖父生意好的时候，家里条件很好，我父亲还在念书，祖父希望他在国学上发展。后来祖父去世了，生意垮了，父亲到别家缎号帮着做事，先在“于启泰”，后来又去上海帮一些缎号管账。我父亲每个月寄来 20 块钱，我母亲又把首饰等物件抵押到外祖父那里，每个月能再多拿 17 块钱，这样总共 37 块钱就是全家每月的生活费。我的兄长吴良铸，长我十岁；妹妹吴素娟，小我两岁。一家人每个月靠这 37 块钱过活，非常紧张。每个月所得要买柴米和其他的生活必需品，包括一桶煤油，晚上点灯，油灯上面还要热菜，此外还有应酬等花销，生活非常困难。靠母亲操持，各事安排得体，得到亲友的敬重。我还记得我母亲因营养不良又过度操劳，双腿一度站立困难，后来靠吃麦芽糖拌着米糠才恢复元气。

① 明末清初理学家、教育家。他的《治家格言》世称《朱子家训》，精辟地阐明了修身治家之道，被历代士大夫尊为“治家之经”。

父亲旧照

父亲工书法，通国学，却找不到工作，在上海的商号待过，在律师事务所待过，在黄河水利委员会当过职员，身无定业，常常不在南京家中。因他基本不在家，仅在我幼年为我讲解过《孟子》《古文观止》少数篇章。父亲为人很厚道，一直受亲友的敬重。1937年，抗日战争全面爆发，为了躲避日本飞机轰炸，我一家躲在江宁县（现南京江宁区）元山镇，我外祖父李光廷家。父亲与外祖父两人志趣相投，熟知典故，一起读过北宋《纲鉴易知录》[①]，引经据典，相谈甚欢。我依稀领会到这两位老人熟读经史的学术根底。

我外祖父名李耀南，字号“李光廷”（也是缎号）。缎号在他六七十岁的时候营业很盛，家里也很热闹，有很多字画匾额。缎号后来传至他三个儿子，却因经营不善，逐渐衰败了，生活也大不如前,完全符合俗语“富不过三代”。外祖父早年在南京九儿巷有一处豪宅,有花园、花厅，院落很大，饲养有鸽子、金鱼。这组豪宅比现在作为文化遗产的南捕厅（清代南京城南捕通判衙署）“九十九间半”某房要宏大精致得多，本来应作文化遗产保存的，但在中华人民共和国成立初期被拆除，着实可惜。

① 清代吴乘权等人撰。这是一部很受胡适等人推崇的通俗历史书籍。

1967 年，全家福（前排左起：母亲，次子吴晨，三婶；后排右起：长子吴晓，吴良镛，妻子姚同珍）

还有件事也值得一提，即在抗日战争时期，我的三表兄，名李惠成，与我同在南京钟英中学就读，后病死于外症。中华人民共和国成立后，一位党的干部来访告知，惠成当时是地下党，在日伪时期做了一些革命工作。

我母亲受过传统的家庭文化教育，能识字阅报，在看到南京缎业衰落的情况下，依然让孩子继续接受教育、坚持读书，可谓一身正气、铁骨铮铮。她以每月 37 块钱支撑整个家庭，哥哥的就学、我们的成长都要兼顾，她“人穷志不短”，还要在亲友中保持一个“面子”，很不容易。家里虽然不富裕，但母亲对我们的教育抓得很紧，教育我们要立志、向上、有正气，教育我们为人要有正义感。

我的哥哥吴良铸曾在中国驻印度尼西亚大使馆工作近 10 年。1965 年印尼右派政府派人冲击中国大使馆，使馆工作极度困难，人员安全无保障，许多人员回国。哥哥向组织表达了坚守到最后的决心。我家人建议母亲出面，以照顾老人为由申请让哥哥回来，母亲说“不能这样！先有国后有家”。后来外贸部来人慰问，对我母亲非常尊敬。1967 年 10 月 31 日，周总理派飞机接外交人员归国，大家列队欢迎从印度尼西亚

1973 年，与兄长吴良铸合影

归来的红色外交战士，我母亲被列为家属第一名。周总理从她身边走过，向她微笑致意。

母亲一生困苦，但一些经历是她终生引以为豪的。她曾随梁思成登上天安门旁观礼台，遥见过毛主席；在北京饭店前的群众队伍中见到朱德总司令阅兵，还见到周总理。在临去世前她还提起此事，堪以告慰。

我哥哥晚年还专门赋诗一首，怀念母亲的教诲：

慈亲遗训永难忘，律己从严待友宽。
忠孝难全先报国，成仁取义卫家邦。

哥哥书念得很好，在金陵中学读书。后来家庭衰落，他中学毕业就当了家庭教师，以此贴补家用，并依靠自己的奋斗得以在金陵大学就读[①]。读书学费筹措不易，一部

① 1930 年秋，吴良铸考取金陵大学。主修经济学，辅修中外文学，1935 年毕业。金陵大学是美国基督教会在中国最早设立的高等学府，位于南京鼓楼。中华人民共和国成立后原校址归南京大学。

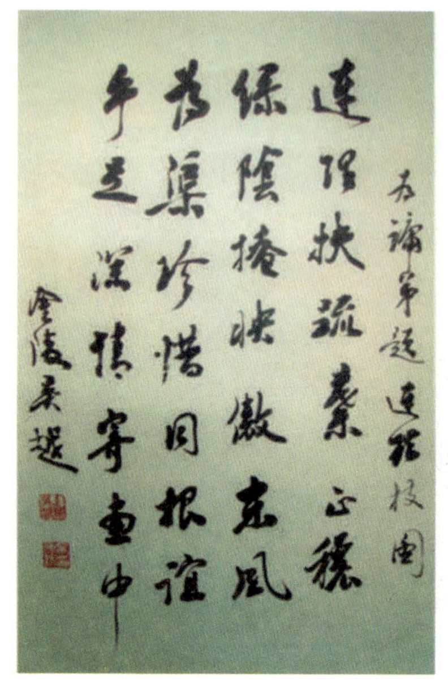

与兄长吴良铸书画互赠[①]

分是哥哥任家庭教师所得；我三舅舅、三舅母与我母亲相处得很好，能够接济一些，但母亲与哥哥坚持事后必定归还；我们还有一个姨娘王民华，曾任大行宫小学教师，后做小学校长，终身未婚，也能帮一点。

哥哥品学兼优，大学毕业时获得斐陶斐励学会授予的奖章。这个奖章有一定含金量，是含有真金的，需个人交部分钱才能得到实物，我们家贫拿不出这笔钱，因此奖章一直存放在金陵大学中。这件事后来是由我侄子从南京大学档案里查得、证实的。斐陶斐励学会授予的奖在当时学界堪称崇高荣誉，有不少那个年代的著名科学家如钱学森、张光斗、李书田、林秉南、姚桐斌等都获过此奖。

哥哥人品卓越，为人称道，我自幼奉为楷模。在我读初中时，他教导我，“读初中就是一个新的开始，要力争上游”。为了补习英文，我住在他的大学宿舍，他为我

① 本书中，个别书画作品因难以确认具体创作时间而未做时间标注。

温习功课后，我即睡在他的被窝，他作业弄完后，与我同被就寝。1937 年，在抗日战争的烽火中如果不是他带我离开南京到后方，我这一生的际遇定被改写。1948 年我出国留学，虽然有奖学金，但是船票等开销还需要帮助。哥哥在当时社会混乱的情况下鼎力资助我，后来对我的事业也一贯扶持，谆谆教导。他的第二个孩子吴昕天资聪颖，自幼即留在我身边，由我们母亲照料长大，直至清华附中毕业，意在报答其父对我的教导之情。

我家一直都是比较穷困的。有时我母亲住在外祖父家，我与哥哥中午能买一碗馄饨和一个咸鸭蛋已不错了，还得分中、晚两顿食用。我就是在这种困难的境况中慢慢熬过来的。母亲安于贫穷，她常说：“生儿不如我，要钱有何用？生儿比我强，要钱有何用？”但母亲一直教育我们要争口气，做人要有骨气，要奋发有为，衣服要整洁，仪表不能垮掉，不能为人家取笑。我和哥哥读书的态度也是受此影响。

父母亲一直鼓励我们兄弟读书。在那个时候，父母送我们上学，进的是“洋学堂”，要顶着保守的缎业生意人的种种闲话。我名字中的“镛”字，意即大钟。我在小学时父母为我取别号振声，又名如响，取“君子如响”“大扣之则大鸣”之意。若干年后，其他一些亲戚的孩子多穷困败落了，我们家总算克服种种困难，跟上了时代。

我还有个叔父也受到我母亲的影响。我父亲成家时，我叔父六岁，母亲把叔父带大，比较有感情。他是“学生意”，即帮人家从学徒、店员做起，以自己的努力终于成为蚌埠一家纸店的老板。抗日战争时期，父母亲、妹妹，包括带我及妹妹长大的孙奶奶就寄居在叔父那里。孙奶奶病死在蚌埠，我父亲将她的灵柩运到南京南郊牛首山我家的祖坟中安葬，墓碑刻着“义女吴素娟立”。虽说是寄居，但并未闲着，我父亲帮助料理店务，母亲里里外外照应。在我父亲五十大寿时，叔父办了两桌酒席，为我父亲庆寿，给两位老人无限慰藉。在全面抗战期间，两个儿子不在身边，双亲总算熬了过来。

早年教育

1929 年，我念了半年多私塾，对私塾我有两个难忘的记忆。第一，我母亲为我做了一个很特殊的书包，绿色的粗布，在一个角缝了一个铜钱，书包内放了一本书（大概是《幼学琼林》）、两支毛笔。毛笔是我母亲从某处觅得的，据说是经佛像眼睛开光过的，用这支笔启蒙写字，将来字写得好。第二，上私塾的第一天，老师带我向天地君亲师和孔夫子牌位叩过头，此后老师一直待我很好，从未打过手心。

当时江苏省的中小学教育是很优秀的，水平比较高。我的小学学校是在离家很近的荷花塘附近，原来是曾国藩的弟弟曾国荃的祠堂（俗称曾公祠，现在被拆除了）。学校院子里面有两棵老梧桐树，有钟、鼓，有匾额，题字“是之谓不朽”。校长章星南写得一手好字，不时有人来向他求字。我是第一班的学生，他的儿子跟我同班，因此我们班得到较多关注。书法绘画老师叫周金声，他一直鼓励我搞绘画、工艺美术，我们彼此有很深的感情（抗日战争的时候在重庆街道上还偶遇过）。当时我的画曾被送到国际联盟去展出。

我对五年级时候的一次考试印象很深。当时同学们问我能考多少，我说七八十分吧，后来得到了五十分。年级主任仇眉轩路过时听到了，在课堂上狠狠地批评我：“吴良镛骄傲了，不是如他自己所说的七八十分，而是五十分！”我那时候真感无地自容。我到现在快一百岁了还记得这个教训，它让我认识到一辈子一定要兢兢业业的，稍有放松可能就会出问题。

我在小学时期的课外读物，一为谢冰心的《寄小读者》，一为丰子恺的漫画。直到我上大学时还关注谢冰心的文字。

幼时留影

小学毕业，我没考上市公立的学校，就在私立钟英中学（现南京市钟英中学）读书。钟英中学很有名。当时都传说“数理精，进钟英”，校长是南京有名的数学家余介侯。在当时的政局下，钟英中学很重视童子军和军训，所以又传说“要当兵，进钟英”。学校还会举办专题讲演，我特别感兴趣。记得有次请到的是中央大学地理学家张其昀，他讲的题目是“中国地大物博人口众多之真相”。我得到的认识是“地大物不博”，这是第一次受到很深刻的国情教育，至今印象深刻。

在钟英中学，我只是念到初中，但早年教育奠定了我的文化基础，很多令人尊敬的老师也给我留下了深刻印象，包括教导主任陈重寅、国文教员邱建中、数学老师曹敦厚、英文老师谢良德、史地老师詹子政（后来是镇江中学的教导主任）、美术与绘画音乐老师於韵秋等。有一件事情我记得很清楚，中学二年级学习过程中，一次考数学，我正交卷子，校长（这位校长常被称道，据说每个学生的姓名他都记得）走过来问数学老师这个学生怎么样，曹敦厚说我是“中等水平”。就这一句话，对我的一生都很有影响，我总觉得自己是中等水平，不敢骄傲，不努力就要下滑。

小学时，东北失陷；中学的时候，华北也出了事，日本军队打到绥远。傅作义军队抗日，

南京燕子矶（1963年绘）

学生就将募捐所得援助绥远，支援抗日军队。后来傅作义还写信到我们学校，专门表示感谢。那时候，北京正当“一二·九”运动，之后就有部分大学生南下向政府请愿，在南京的学生呼应，一同请愿，并且还在中山陵“哭陵”，向中山先生哭告。当时政府和学校虽然都鼓励拯救民族危亡，但学生运动一起来，政府还是要干预，怕出乱子，学校也很怕学生闹得不可收拾。

在抗日的大气氛下，有的高中学生就去军校参军了，初中学生积极参加童子军露营、操练。我也参加了童子军，在露营中设计过一个“地图灶”，是依中国地图外形的灶台，中间圆形放锅的地方寓意“中原鼎沸”，东北方向排烟的烟火寓意“东北烽火”。这在总结露营成绩的全校大会上很受赞赏，也算是我小时候做的最受表扬的设计了。我父亲在他的晚年还记得这件事。

1936 年 12 月，西安事变爆发，令人震惊。我还记得当时报纸上头条消息是“劫持统帅，妄作主张”，但是由于我年龄小，具体的事情并不是很清楚。

西安事变之后，我们不敢在南京家里待着了。为躲避飞机轰炸，我一度和外祖母一起住在南京浦口一个亲戚的田家油坊的后院。之后，外祖母因异地生活不便病故，我又到南京南郊元山镇的外祖父家。后来我考入镇江中学，八九月份学校开学，我遂入学读书。学校在山坳，新建的校舍很好。学校的校长沈亦珍是哥伦比亚大学的博士，他原来是上海中学的教师，在学校的威望很高，教导主任是我的初中老师詹子政。学校的课程学习很紧张，化学课是用英文课本，教师也用英文讲，我听起来很吃力，其他的功课也都不轻松。读了仅一个月后，抗日战争就全面爆发了。后来“八一三”淞沪抗战失利，我匆匆离校。1938 年，我又在建于重庆合川的国立二中继续学业，此为后话。

总体说来，中小学阶段的学习为未来打下了基础，很多优秀的老师起到重要作用，我一生都感激他们，时局的动荡我也一直关心，但对大局认识很模糊。

抗战爆发，辗转求学

1937 年我在镇江中学读高中，上海战事越发紧张，学校通知停课，我也就匆匆忙忙迁回南京了。当时我哥哥在金陵大学经济学系教书，兼在图书馆工作，战事更紧的时候金陵大学也决定内迁，哥哥就带我跟着金陵大学迁走。

我至今仍能回忆起“逃难”前夕的情形。父亲在屋中来回踱步，嘱咐我：“以后的道路要自己走了，要努力向前，人穷不能志短，要尊敬兄长，要记得‘兄友弟恭’。”母亲含泪在我的棉衣内缝进一个金戒指，以备万一走散了，供不时之需。大难临头，家家都在准备逃难，父母和妹妹都到南京南郊元山镇躲避，抗战期间又在蚌埠叔父的店里工作生活。南京失守以后，我和父母、妹妹一直也没有联系，直到我到了重庆一两年后才恢复通信。

我随哥哥跟着金陵大学内迁，先是匆忙坐船到了武汉，一起逃难的还有我母亲的表妹一家和小学老师王民华。船到武汉后，我才发现行李丢失，非常沮丧。从此，一直到第二年 4 月只能跟哥哥合盖一床被子。

在武汉的那段时间，我无事可做，没有学校可以上学，报纸上也找不到招生或招聘的信息，不知何去何从，跟其他千千万万的人一样，非常彷徨。我们在武昌（今属武汉）胡林翼路上的开明书店后面租了两间屋子。那时候除了在武昌、汉口走走转转，最多的时候是在开明书店看书，我站着看摆在台面上的各种书籍。后来，我又跟哥哥安顿在华中大学，其间也住过武汉大学。武汉大学的校舍还是新盖的，给我留下很深的印象，后来才知道是由美国建筑师H.K.墨菲[①]设计的。总体上，这段时间是漫无目的，由于没学上一直很失落，总像是在阴影里走不出来。

在武汉也就安稳了一个月，金陵大学又进一步内迁，我们坐船从武汉到沙市、过宜昌，沿着三峡到了重庆。到重庆时，正好是1938年元旦。沿途路过小城镇，当时江水急，很不安全，未及黄昏，船即靠岸，得以登岸参观。此处张飞庙最大[②]，在暮色苍茫中蔚为壮观。1980年代修建三峡大坝前，眼见这些风景绝佳的城镇景点就要消失，我曾安排一位清华大学硕士研究生对这些小城镇做调查。因为要修坝，这些城镇经济衰败，增加了调查工作的困难，结果不理想，未留下相关资料，非常可惜，至今他本人认识到这一点也感到懊悔。当时我忙其他工作，后来也为没有与他同去感到自责。

这个时期，江苏省政府组织战区流亡教师和学生登记，开始酝酿筹办国立中学，在合川建立国立二中（一直到抗战胜利搬回江苏省的常熟，改为常熟中学），起初有女子部、初中部、高中部分散在北碚和合川间，后来都集中在合川了。我在重庆住了四个月的时间，等到学校开学，就从重庆来到了合川。

合川原来是中等规模的县城，在嘉陵江和涪江交汇之处，本身就很繁荣，学校兴建起来之后就更加繁荣。我在二中继续了高中的学业，开学的时候是从高一下半年念起，从1938年到1940年，念了两年半。这个学校当时是江苏省组织扬州、苏州、上海、南京等地中学的流亡教师一起建起来的，师资水平高，流亡教师教导流亡学生，非常精心，教学质量很高。

校长周厚枢原是扬州中学的校长（扬州中学当时是江苏省最有名的学校），镇江中学、南京第一中学的校长等七八位中学教育名人都任校委，他们后来又都去了其他学校，如上海交通大学、复旦大学等大学任教职。我记得数学老师汪桂荣是扬州中学

① H.K.墨菲（Henry Killam Murphy，1877～1954）在20世纪初曾任南京国民政府首都建设委员会顾问，并主持编制了《首都计划》的相关内容。他在中国完成了如福建协和大学、金陵女子大学、燕京大学等诸多大学的设计规划。其作品融合了美式校园规划风格，也借鉴了中国传统宫殿建筑群的规划模式。

② 此处所说的张飞庙原址在重庆云阳县老城，因紧靠江边且有山势衬托而显气势雄壮。但老张飞庙地势较低，为避免三峡水库蓄水后淹没古迹，以“不改变文物原状”的原则整体搬迁到了上游约32千米的长江南岸。

的著名教师，教学水平很高，不仅每次课讲得清清楚楚，第二天上课还有口头复习，连哪个大学考过哪道题目都娓娓道来。物理老师姓卢，没多久就应聘某大学教授了，走之前还差两个月放假，舍不得学生，加紧把课上完了。国文老师戴劲沉，曾是苏州中学首席国文教员，也是名师，字写的是类康有为体，课讲得非常好。化学老师戴敩之还在其他学校兼教国文和英文，得空还吟诗。这些老师深得学生敬重，学生们也都非常用功，全国战火熊熊，能有这样的学习条件实在难得。

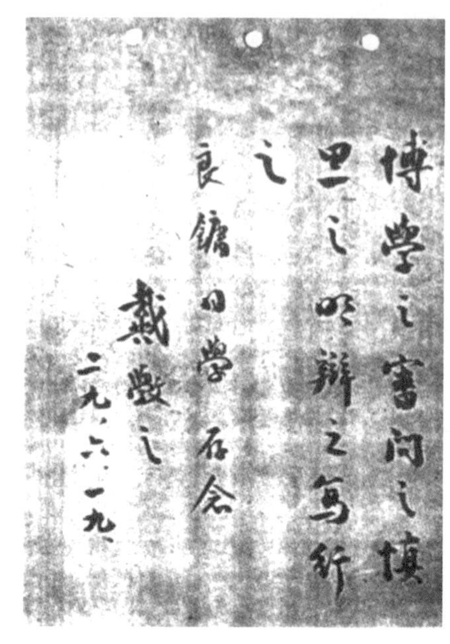

这是 1940 年毕业前戴敩之老师勉励我的题字。中学时代什物几乎全部遗失了，这幅题字却能奇迹般地保存下来，实为一大幸事

生活上，老师们对学生也非常关心。流亡教师关怀流亡学生，别有一种感情在心头。我的行李在武汉丢失，又没钱买厚被子，与铸哥同盖一床被。他去成都后，我靠新购的薄被过冬。戴敩之老师注意到这种情况，就为我准备了新被子，并专门对我说："不必说出去，因为学校实在没有多余的钱为别人添置了。"当时我感到说不出的温暖。后来经济越来越困难，学校的伙食也从一张桌子四碟菜变成了两碟，但是学校还是克服困难，做了很多的努力。老师们也越来越清苦，很多老师都兼授其他学校的课程，雇用人力车，在二中下课就赶至其他学校上课，戴敩之老师也是这样。

当时生活条件困苦，营养越来越差。肺病是健康很大的威胁，差不多每年班上都有一人因肺病死亡，而且都是我很要好的同学。他们病危前我还照料过他们，现在想起仍颇为神伤。

在极其困难的情况下，学校还想方设法搞了些建设，我都有印象。学校高中部背倚唐代濮岩寺，有碑刻和石窟佛像，多已风化不堪，我依稀记得从宿舍院外就能抬头望见远处的摩崖石刻。由于学生增多，供水困难，当时曾专门从城里用毛竹管找坡引水到濮岩寺，又在学校用石头砌了个池塘，作为饮用水源，池塘边上就是人工小操场。当时为纪念鸦片战争爆发 100 周年，凄风苦雨下，在操场上举行纪念会，由万颖香老师讲述这段历史。

后来学校又在合川城边上、蟠龙山脚下新扩建了高中部。山顶上稍削平，盖了四栋长排的房子，山下为大操场，女子部、初中部共同使用。扩建的高中部紧邻合川县城，现在建有纪念亭。

我曾经在武昌暂住时常去的开明书店不久也搬到合川了。无锡排骨店也搬过来了，学生们偶尔进城吃点排骨，也能解解乡愁。开明书店办得挺好，当时一度出现过一部珍本书——五臣注[①]《杜甫全集》，而且是几种色彩套印的。我每次进城，一再翻看，爱不释手，但无力购买。县城还有图书馆，我曾借阅了冯友兰的《中国哲学史》上册，但看不懂。这时期大武汉保卫战一度很吃紧，但这里环境比较安定，我度过了充满回忆的高中时光。

四川合川濮岩寺

（国立二中高中部） 吴良镛

合川濮岩寺远瞰（1938 年绘）

① 唐玄宗时期的《五臣注文选》，流行于唐及北宋。所谓五臣，即由工部侍郎吕延祚所组织的吕延济、刘良、张铣、吕向、李周翰 5 人。

合川是一个让人迷恋的地方。合川城中有两座宝塔，令人印象深刻。春天出了城，遍地油菜花，那娇嫩迷人的柠檬黄望之使人精神振奋，人行花丛中，花高过人。学校濒临嘉陵江和涪江交汇处，每年冬季水枯，河水退去，岸边滩地露出，会形成自然的集市，非常热闹。记得有一次春水提前涨了，集市被淹没，相当数量的人溺亡。

合川附近有一个地方名叫钓鱼城，元世祖忽必烈的长兄蒙哥曾带兵攻打此处，连续数月，进攻多次，没有成功，蒙哥战死在钓鱼城。这个故事很有名，有一次历史老师在课堂上专门讲过。我和同学曾登上城址，远看江流平野，景色非常开阔。

合川的附近有大足石刻，当时没去过。1980 年代有一次去重庆特意前往。岩石上有佛像,卧佛很壮观,周边有塔和寺庙,现在大足石刻被列入世界文化遗产保护名录，是中国重点保护单位。我读书的那个时候，合川已经受到一定现代化的影响。由于卢作孚的经营，民生公司的船连通合川和重庆，交通便捷为此处带来了繁荣。城中的道路是利用当地的桐油加石灰拍打而成的三合土铺就，路面很光滑，雨后也不泥泞。当地的饮食业很发达，随着学校的开办，军队等单位也陆续搬过来，合川更加繁荣。文化方面也很活跃，我记得 1939 年著名的戏剧家洪深带团来合川，演出了他用四川方言排练的话剧《包得行》。戏剧团有一个钢琴家指挥演奏《云雀》（*The Lark*）。有些学者来合川讲演、与学生座谈。数学家余介石来过。校委沈亦珍曾用英文来讲演，学生不懂，教导主任又翻译一番。学生社团也很活跃，因为流亡，有学生排练《三江好》话剧，表达对东北的思念，有名的话剧《放下你的鞭子》也曾排过。学校的校歌为李清悚作词，开头是“我们别离了三千里外的家乡，弦歌起舞在嘉陵江畔”，非常能够引起学生的乡思。学生的思想比较活跃，我记得有个学生名季耿，思想偏激，曾经跟校长周厚枢公开争辩，批评学校是“奴化教育”……

在学校，教师和同学有很深的感情。记得有一次我得了疟疾，泻肚，体质很虚弱，校医陈君朴看我体力太差，专门派人到他私人诊所拿了葡萄糖针给我注射为我恢复体力，还让食堂师傅特别给我买猪肝滋补。

这一段时光让我非常留恋。在抗日战争的不安定环境下，我还能够比较安静地读了两年多书，非常难得。

大学学习

1940年，我要高中毕业了。大学入学考试在7月25日至27日3天。考试最后一天，我记得天气很不好，考完试很累，我躺下来就睡着了。没多久，警报响了，我们急忙往蟠龙山下的防空洞躲避。刚入洞，就地动山摇，防空洞里面碎石掉落。等一两个小时后，出了防空洞，已经是下午三四点了。整个城市漫天大火，近半个合川城都在燃烧。听说学生被炸死了两人，国文教员戴劲沉和他儿子都被炸死。夜里，从蟠龙山远瞰，大火一直不灭，远远传来街道上狗哭似的呜咽、号叫的声音，让人毛骨悚然，这种悲惨情景让我永远难忘。我至今一想到这一幕，就感觉呼吸急促、喘不过气来。幸好第二天清晨下雨将大火浇灭，繁华的小城半边被毁了，我难受得不得了。几天后我离开了合川，去北碚小学我姨母处。

两个月之后，同学告诉我，我考取了中央大学。我就离开北碚到了中央大学柏溪分校，寄居在一位任分校图书馆馆员的亲友蔡先生居住的阁楼上。这时还有一两个月才开学，正好可以在图书馆中随便翻书。当时宗白华为了避日本飞机，住在柏溪对岸。有次他差人挑一箩筐书籍来还书，又按书单另借一箩筐回去。我瞄了一眼，多为美术、历史类书籍。我当时心想，原来大学教授是这样看书的。这是我即将跨进大学之门时获得的第一印象，也是读书教育。

1940年至1944年，我在中央大学读了三年半书。1940年至1941年，我在柏溪校区。校区在重庆西南几十里，是分校，大一的学生集中在这里。校址在嘉陵江边，有溪水从山坡上流下来，汇入嘉陵江。我们常常顺水边的石级过桥，台地上就是分校校舍，环境很美。1941年我大学二年级，迁往沙坪坝校本部，校址在重庆大学旁边。

柏溪乡间（重庆，1942 年绘）

学校有一个山包，山包由环形路围绕，教学楼部分面向嘉陵江，宿舍靠近小龙坎。后来中央大学改名，变成了南京大学和南京工学院。我在重庆中央大学学习的时候，原来国立二中的校长孙为霆转任中央大学柏溪分校主任，所以我对人文环境一点都不陌生。

大学第一年不分科。后来分专业，我选择了建筑系。这跟当时合川被轰炸、城市受毁坏有关系。那时候建筑系教育接受的是巴黎美术学院 Beaux-Arts（布扎）的模式，学西方古典。第一学期要学画法几何、阴影透视，要学建筑初步，还有些其他课。第二学期是建筑初步设计，还有语文、英语等其他公共课程和选修课程。那时候的中央大学是一个综合性大学，有不少知名教授，可以根据自己兴趣去听讲演。当时的校长罗家伦，曾是北京大学的学生，是“五四运动”的学生领袖和命名者，也是清华大学第一任校长，又在中央大学当了 10 年校长。我听过他的讲演，印象很深。他哑嗓子，讲演很动人，年轻的学生听了为之动情。他的文章写得也好，所创作的《玉门出塞歌》颇能激励我们的爱国热情。我在大学二年级时读过他的新书《新人生观》。

学校有文学院、教育学院、理学院、工学院、农学院、医学院（在成都）、艺术学院等。每个学院、每个系都有知名教授，这些教授定时被邀请做专题讲演。那个时期，重庆一度比较安定，文化人很活跃。讲演有比较正规的，如沙磁区学术讲演会，也有社团举办的。有一个社团秀野社，现在我也不知道它的背景，出头露面的有一位名叫庞增廉，仿佛是一个公子哥，估计背后还有能人。学生会当然是国民党“三青团”（三民主义青年团）的基地。各种思想比较活跃，左、中、右都有。左的，郭沫若那时候刚写了《屈原》，就在学校讲《屈原》，仿佛自己是屈原的化身，讲话的潜台词皆有所指；中的，写《金粉世家》《啼笑因缘》的章回体小说家张恨水；右的，王云五，商务印书馆的总编辑，是“大笔杆子”。朱自清也来讲过，学生好奇心强，我还专门追赶观望他的“背影”。

学校外表很平静，实际上不免受到政治的左右，我在中央大学读书时前后换了5个校长，罗家伦、顾孟余、蒋介石、顾毓琇、吴有训。我记得同学们挽留过罗家伦，挽留过顾孟余，事实是反对当时教育部部长陈立夫对教育的控制。

当时的教师很贫困，听说有两位相邻而居的文理学院教授因为碰破一个水缸就吵起来。蒋介石当校长时似乎意识到教师太穷困了，就给教师补发点津贴，还为每个学生发了一套军棉衣。尽管贫困，但学术氛围还是很活跃，有很好的图书馆，查资料方便，我有一篇论文就是在图书馆里面写的。

从沙坪坝到嘉陵江中渡口的坡上，可以说是生活服务中心，有一些茶馆，也有卖小吃面点的。学生那时候没有地方可逗留，就泡茶馆。茶馆成为学生、老师唯一的公共空间，又变成交流学术的地方。那时候没有什么学科的概念，是“茶馆文化”。探讨文学、历史、哲学，大家都感兴趣。没有家眷的老师课余无处可去，整天在茶馆休息，一直到晚上才回去睡觉。老师常常跟学生聊天，学生之间也经常讨论。杨廷宝偶尔也来，还在茶馆边买红薯佐餐。

农村景色（四川，1945 年绘）

连村漠漠菜花香（重庆远郊，1945 年绘）

这样的学校，这么多的学院，想听什么听什么，特别是自己有兴趣的学科，当然也就带来了学习的便利，营造了一定的活跃氛围。我就听到过顾颉刚的讲课，观赏过文史学家、书法家胡小石每日清晨挥毫（他儿子胡令闻也在中央大学，跟我很熟），也听过他讲书法史、书法的要义，讲用笔、结体、布白的要诀，这对我学习书法乃至建筑构图都有启发。李剑晨曾请他的河南老乡董作宾来讲他的甲骨文研究。还有唐圭璋讲词学，孙为霆（吴梅的弟子）讲曲选。

最诱人的是艺术系，第一年名义上是徐悲鸿任系主任。这时期他到印度等地访问去了，吕斯百代理系主任，他也是油画家，吴作人、傅抱石都在。那时候傅抱石还没有盛名，但是很勤奋，三年内连开过两次画展，山水、人物、题字、篆刻都令人刮目相看。从那时候起我对他就很崇敬。中央大学艺术系老师上课，爱好艺术的学生们常混进去看，我看过吴作人在评论学生作业时的即兴表演。他勾勒人体极为准确，线条之漂亮，让人神往不已。我记得我曾在路边写生吕斯百所住的村庄，正好吕斯百路过，开始他站在我身后未打搅我，后来拿起我的画看，夸了几句，给我很大的鼓励。

沙坪坝对面的磐溪，有流水，有四时运作的木制水车，别有一番意境。这地方很幽静，周围还发现了汉阙。徐悲鸿从海外归来，在此不远处办了个美术研究院，李剑晨老师带我去探访他。屋子宽敞，陈列有很多名画，里面有齐白石等人名作。那时候知道齐白石的人还不多，徐先生自称是他早年在北平发现了齐白石。

艺术专科学校也一度搬到磐溪。校长陈之佛，擅画花鸟，兼长工艺美术。当时重庆的艺术界盛极一时，张大千从敦煌归来就办过一次画展，常书鸿从法国归来去敦煌前，也办过画展，我都去看了。1945 年 4 月至 5 月间，我从滇西归来[①]，在重庆观看了李可染的第一次画展。在 1978 年我认识他后，告诉他我早在 1945 年在重庆上大学时就看过他的画展，他非常高兴，因为那次画展已经很少人向他提起了。他连声道：“我相信你真是艺术爱好者。”

① 作者于 1944 年被征调到滇西参加抗日远征军，任译员。这段经历详见本书第三章。

建筑与艺术对我来说可谓是两种并行的学习，可从两种专业修养中受益。而这种并行的学习可以说是从中央大学一年级自分校返回主校区开始的，一方面是受美好的自然环境吸引，另一方面也是受艺术系课程与氛围的感染。

建筑系还有其他的课程，建筑结构是土木系的老师讲。一位很有名的工程师曾狠狠批评建筑系学生对建筑结构不重视。这也是当时的实际情况，但用语过于生硬，听起来很刺耳，没有起到正面效果，反而引起学生的反感。

我爱好庭园，选了关于庭园的课。那时候中央大学园艺系有一位教授毛宗良，是当时教育部部聘教授，声望很高，对观赏植物很精通。当时听课所得我至今还记得一些，感觉这门学科里也有大学问。

那时的沙坪坝可谓人文荟萃，教授中各种思想派别都有。如马寅初在重庆大学讲演，骂孔家、宋家，用手一划，意思说都要除掉。后来他失踪了，据说被关在贵阳，为此，学生们还特别建造了寅初亭纪念他。还有很有名的、从英国牛津大学回来的学者杨宪益，办了一个壁报，名“小中大”，专门讽刺时弊，用英文讽刺过时任国民政府主席的林森。我后来从叶仲玑教授处得知，当时在重庆的周恩来还在南开中学秘密地做过讲演，他去听过。总的来说，中央大学在政治上不活跃，不能与国立西南联合大学相比（该校向来有优秀传统，并且当时有云南地方政治力量“云南王”龙云的支持）。

我在中央大学主要潜心建筑专业的学习，重视建筑设计、建筑历史、建筑艺术、表现技巧，热爱中国文化。那时候建筑系的教师也很出色，我听说来校之前有一次学潮，原来的系主任被请走了（校友刘光华对此有详细的回忆）。老师们生活贫困，也难以好好教书。设计课主要教师谭垣教授想到上海去。他的普通话不好，平时讲话英文夹中文，生活困难重重。想离开的老师不乏其人。1940 年，教建筑历史的鲍鼎教授接任系主任，重整建筑系，请来杨廷宝，留住了谭垣，留下了刚回国教书的徐中，并请杨廷宝写信给刘敦桢，请他从李庄中国营造学社[①]回到中央大学，还请来当时在艺专任教务长的著名水彩画家李剑晨等，建筑系教师阵容大变，盛极一时。我们这一届学生是受益者。

建筑设计教学采取巴黎美术学院体系。导师带几个学生，一般五六个人不等。每组都有几个教师，各教各的组，设计题目如博物馆大门等，最后请开业的建筑师如哈雄文、陆谦受、黄家骅、汪定曾等一起评图。平时客客气气的老师评图时要为自己的学生争名次，像小孩子一样。作为学生，关注点并不在名次，而是看哪一个方案被评价为最好，为什么最好，自己的方案在哪方面失策。

评委杨廷宝、陆谦受是最受学生敬仰的人物。陆谦受曾设计上海外滩的中国银行大楼，抗战胜利后同学们曾去该楼探访他。他的工作书籍、杂志多得令人羡慕。杨廷宝当时还经营着基泰事务所，周六过来走一圈，看看图，再回到远郊歌乐山寓所，周一下山再来一次，看完学生作业就进城，每次时间都很短，学生都要很认真地听他对设计作业的评定。学生们周六、周日还要加紧画图，非常紧张。这批学生中的杰出者如后来的戴念慈、郑孝燮，在中华人民共和国成立后的建设中都发挥了重要作用。当时重庆大学建筑系的陈伯齐、夏昌世、龙庆忠，他们都有留德或留日的背景，在中央大学兼课或讲演，后来去了华南理工大学，我都奉之为师。

1945年中央大学建筑系老师中也出现了变化，刘敦桢继任系主任兼工学院院长，后来童寯教授也来了中央大学。鲍鼎教授在1945年就离校赴武汉，1950年初出任武汉市建设局第一任局长，对于这一段历史后来人一般不太清楚。鲍鼎是我的启蒙老师，他教授我们《中西方建筑史》《城市规划》等课程，对我学术思想的成长影响深远。我至今还记得他在《城市规划》的第一课就讲了“广义的住”与“狭义的住”。

① 中国营造学社成立于1930年，社长朱启钤。社址在北平（今北京）中山公园内。抗日战争爆发后，学社南迁，经长沙至昆明，1940年迁至四川南溪李庄，1946年迁回北平。学社下设法式和文献两组，法式组主任梁思成，文献组主任刘敦桢。学社在极其困难的条件下，对全国重点地区的古建筑进行了科学的调查研究，积累了许多有价值的历史文献资料。学社还为清华大学创办了建筑系，与清华大学合办了中国建筑研究所，为中国培养了第一代古建筑调查研究与保护的工作人才。

1943 年，国立中央大学建筑系全体同学于重庆沙坪坝系馆外留影（左起为杨光珠、张守仪、潘锡之、萧宗谊、胡允敬、李均、程应铨、向斌南、陈其宽、黄僖、辜传海、姚岑章、吴良镛、刘应昌、郭耀明、刘朝阳）

（来源：杨廷宝．杨廷宝全集．北京：中国建筑工业出版社 .2011.）

他曾邀我去武汉工作，只是我当时已在梁思成处，故未能践邀，但几十年来，念念不忘师恩。在 2007 年东南大学建筑学院成立 80 周年之际，我以自己的稿费所得为他竖立了铜像（石像座为东南大学配立），以表缅怀之情。在《中国大百科全书》（第二版）中也特为“鲍鼎”写了词条，介绍了鲍鼎先生的贡献。

我进入中央大学后，一方面有艺术系名师的吸引，另一方面也受到一年级美术老师邓曙光（邓白）、二年级老师李剑晨的栽培。我对水彩画有很大兴趣，进步也很快。作品《山边小村》遴选入 1944 年重庆举办的全国美展，后来被邀在新疆展出，可惜画不知所终。郭沫若当时很活跃，举办过庆祝五十寿辰的书法展，我曾经听过他的文艺讲座。

在三年级下半期，我感觉对建筑学术发展似乎略得一些门径，对专业的学习豁然开朗，加强了课外阅读。抗战后期沿海为日军盘踞封锁，只能从越过喜马拉雅山的驼峰航线运来的缩微胶卷中了解西方建筑动态。在阅读了西方论第二次世界大战之后城市改建、住宅建设的文章后，我认识到西方世界在烽火连天、战事正酣时，即开始讨论战后的问题，我思想顿悟，增加了对专业的兴趣、对社会的责任感。

当时我们班上集资办了一份油印杂志，取名《建筑》，搜集老师和学生的好文章做成集子，杨廷宝还捐过 100 块钱，这个杂志在重庆办了 6 期。现在回头来看，我似乎摸索到了建筑学术发展的道路，孜孜以求，办杂志、看书、写文章，《释“阙”》那篇文章也是那时候写成的。杂志是手写油印，第 5 期用石印制图，在大后方有一定的流通，传达了当时的学术讯息。我们一班年轻学生创出来的其貌不扬的小刊物，之所以受欢迎，是因为在这一段时期，它是重庆唯一的建筑杂志。

問道

第二章

问道

谈话过程中，他又问我是不是对中国建筑有兴趣，我随感而发，就说我到过西南之后想法有所转变，战争破坏太厉害，我想改为研究城市规划。当时我年轻，茫然说的，也并非深思熟虑，但梁先生表示挺高兴，说他也在关心这个事情，已经在琢磨战后建设的问题……事后我才了解到，就在1945年初，他已上书清华大学校长梅贻琦表达创办清华大学建筑系之意。中国有句古话『学莫便乎近其人』，在梁先生身边让我大开眼界，增长知识，得到多种启示，似乎恍然领会到学术研究是怎么一回事。

“学莫便乎近其人”

梁思成的召唤

发表在《建筑》杂志上的《释“阙”》

大学三年级的时候，我感觉开始对建筑学开窍了，对学术研究的兴趣也浓了。当时还是表现在对中国建筑的探索上，我曾写了《释“阙”》一文，未被征调的两位同班女同学肖宗谊和张守仪把它登载到班里办的《建筑》杂志上。1945 年，滇西战事结束，我从云南畹町经过贵州后回到重庆。原来的意愿很单纯，就是要回去读书。

回来之后，不期情况有了很大变化。旧的系馆已经拆除了，盖了个新的系馆，原有的系主任也换了，刘敦桢当了系主任。回校初晤面刘先生，他曾经跟我谈到，希望我当他的助手“传其衣钵”。他很热情，但后来就没有下文了。当我知道原委后（他对当时的某位助教不满意，拟以我取代），我就赶紧开始另找工作，其中一个是卫生署的中央卫生实验院，当时正承担着联合国善后救济总署（国际机构）的中国任务，从事市政工程学术研究，事实上就是现在所称的环境工程，也拟扩展医院建筑。经徐中老师推荐，我被录用了，参加卫生工程训练班。

有了这个工作我心里就有底了，到重庆之后短时间

阙

吴良镛

阙之制，其说不一。叶昌炽《语石》云："石阙，有墓前之阙，有庙前之阙，统而言之，皆神道之阙也。"此指石阙之今存者而言，其汉代宫阙及阙之来源则未提及也。

考阙之初，盖即门之类。

《说文》曰："阙，门观也。"

《释名》曰："阙，阙也，在门两旁中央阙然为道也。"

《说卦传》曰："艮为门阙。"

以阙与门并称，足见系同一类物，无疑。

古之制，多於宫前立阙，如《史记》所载，高祖八年萧何造未央宫立东阙北阙，即为一例，普通建筑前亦有用之，但不多见耳，如：

王隐《晋书》曰："汉末博士敦煌侯瑾善内学，语弟子曰，凉州城西有泉水当竭，当有双阙起於上。魏嘉平中武威太守条茂起於学舍，筑阙於上。"

此即普通建筑前立阙之一例也。

阙既"在门两旁"，故东西两阙，当相距甚远，以石阙之今存者而论，武氏祠石阙两阙相距约二十二尺，嵩山太室庙前石阙相距一丈八寸，故《水经·渭水注》载未央宫东苍龙阙，阙内有阊阖、止车诸门，想非虚语。

阙，据《广雅》曰，又名"象魏"。何谓象魏？

郑注曰："治之见於象者为治象，书治象之法者为象魏，如魏之悬治象者曰魏阙。"

《吕氏春秋》审为："身在江海之上，心居乎魏阙之下。"注："魏阙，象魏也，悬教象之法，浃日而收之，魏魏高大，故曰魏阙……"

《南史》："……今礼盛化光，役务简便，可营建象阙以表尊荣，於是遣匠量功，僭拟为阙……"

梁陆倕《石阙铭》："……以为象阙之制，其来已远，春秋设旧章之教，经礼垂宪之文，戴记显游观之言，周史书树阙之梦，北荒明月，西极流精……"

35 52 20 42 40 60 42 571 255 25

《释"阙"》内文

内就安定下来了。5 月份刚准备去上班时，先我两级的一个老学长卢绳（先在中国营造学社，后在中央大学任助教）找我，说梁思成先生希望我去见他。梁先生当时已经是众人仰望的学者，大家听说梁先生想见我，都很关心。后来见了梁先生之后我才知道，是因为梁先生和林先生看到了我写的《释“阙”》那篇文章，想找我谈谈，当时他在重庆任战区文物保存委员会副主任（主任是教育部副部长杭立武）。

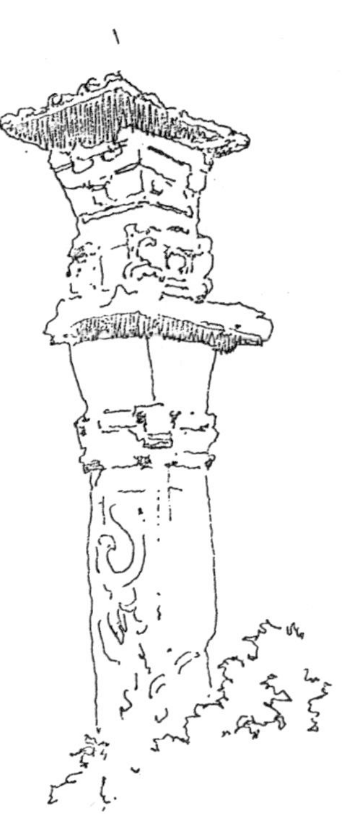
四川忠县㽏井沟无铭阙

梁先生学术视野开阔，超出一般人，走在时代的前面。那时候美国副总统 H.A. 华莱士访华，梁先生的美国朋友把他需要的一些专业新书带给他，其中包括 G.E. 沙里宁①的《城市：它的发展、衰败与未来》（*The City: Its Growth, Its Decay, Its Future*, 1943 年）。后来我经梁先生推荐，到沙里宁创办的美国匡溪艺术学院学习，受益良多。我到战区文物保存委员会的时候，他正在专心致志地读这本书。这时期梁先生已经开始考虑抗战胜利后的重建工作了，尽管我这次拜访他的时候，他没有明确跟我谈这一点，但他也开始询问中央大学的教学情况，我能感觉到他对建筑教育的关心。谈话过程中，他又问我是不是对中国建筑有兴趣，我随感而发，就说我到过西南之后想法有所转变，战争破坏太厉害，我想改为研究城市规划。当时我年轻，茫然说的，也并非深思熟虑，但梁先生表示

① G.E. 沙里宁（G.E.Saarinen，1873～1950），美籍芬兰裔城市规划师、建筑师。他在《城市：它的发展、衰败与未来》中提出了有机疏散理论，对后世影响很大，至今仍有现实意义。其子 E. 沙里宁（E.Saarinen，1910～1961）也是知名建筑师。学术界为区分名讳，称老沙里宁与小沙里宁。

挺高兴，说他也在关心这个事情，已经在琢磨战后建设的问题……事后我才了解到，就在 1945 年初，他已上书清华大学校长梅贻琦表达创办清华大学建筑系之意。

我去见梁先生时，原以为他只想找我谈谈话，没想到他明确让我留下来，当天中午就让我在他那儿吃饭。后来我每天都去，工作了两个多月。梁先生和蔼可亲，看到你好像对你已经很熟悉，很亲切。当时，梁思成身体非常差，人很瘦，弱不禁风。那时候他年纪并不太大，不到五十岁，但得了脊椎骨硬化症，胸部配了一个钢架。钢片外面用纱布裹起来，纱布间流露着锈色。他画图的时候肩膀不能动，把下巴放在一个长颈的花瓶上，似乎为了减轻颈部的负担，我看着很心酸。那时候他还在拔牙，需要拔掉全部牙齿。当时医疗条件不好，再加上他身体很虚弱，每拔几颗牙就要睡一两天，睡觉的时候钢架就架在旁边的椅子上。尽管身体很差，但他一直坚持工作，看沙里宁的书，后来写成文章《市镇的体系秩序》，发表在重庆《大公报》上，提出要“预先计划，善予辅导，使市镇发展为有秩序的组织体”。《市镇的体系秩序》并没有局限于学科本身，而是关注建筑和规划对整个社会的影响，现在看来仍然是一篇指引近代中国建筑和城市规划发展的好文章。①

那个时候，战区文物保存委员会的地点在重庆聚兴村，梁先生在重庆两路口中央研究院的建筑群里借了几间房子。其中有一个小套间，一间住、一间办公画图，还有一个助手打杂。

梁先生的办公桌上都是有关文物保存的东西，常常有人光顾。我记得费正清的夫人费慰梅来过，他们是老朋友。费正清是当时美国大使馆新闻处的负责人，梁先生通过费正清夫人和美国大使馆保持联系，也和美国学术界有联系。后来梁先生告诉我，费正清的夫人战前也做过古建筑调查。比如，对山东武梁祠的研究，她根据拓片比例，统一为共同尺寸，将它排起来就拼成武梁祠的立面。从拓片做出复原图，对这种做研

① 《市镇的体系秩序》于 1945 年在重庆《大公报》发表，又在《公共工程专刊》再刊。这篇文章不仅阐释了建立“市镇体系秩序”的主张，强调“这不只是官家的事，而是每个市镇居民幸福所维系”，而且提到了城市规划的人才培养问题，倡议“各大学增设建筑系与市镇计划系”。

究的方法，我当时心中赞赏不已，非常折服。

在梁先生的案头，我还曾看到刘致平对当时四川广汉县（现广汉市）的旧城建筑所做的调查。这份调查不像过去中国营造学社的报告仅仅做单个建筑的调查，而是包括城墙、民居、公共建筑、街道平立面等，是完整的一套，对我后来搞城市史研究也有启发。据说这份图后来找不到了，刘致平本人也不清楚到了何处。还有一种说法是到了台湾地区，后来与台湾地区有关人士沟通也没发现，很可惜。

回想在战区文物保存委员会的那段工作，时间虽不长，收获却很丰富。中国有句古话“学莫便乎近其人”，在梁先生身边让我大开眼界，增长知识，得到多种启示，似乎恍然领会到学术研究是怎么一回事。

当时，我做的事情就是为梁先生的《图像中国建筑史》进行完善。做这项工作的时候，有关的照片已经汇集到一起了。梁先生给了我很多宝塔的照片，让我做一个“塔的分析”。我分类、绘图，梁先生提建议、修改，最后成图，放在书中。现在出版的《图像中国建筑史》也有这张，不过图已是后来重画的了。当时还编写过一个战区文物保护的建议，明确地标识了文物的位置，做了列表。林徽因先生后来告诉我，这个建议一式三份，一份交给政府，一份交周恩来，一份给美国人。

关于《图像中国建筑史》，也有一段曲折的故事。在美国时，我收到一封林徽因口授、罗哲文代笔的信，让我赶紧回国参加祖国的建设工作，并嘱咐我去波士顿哈佛大学费慰梅处，将梁先生的《图像中国建筑史》书稿带回来等。

我按照林先生信中所托，自美回国前匆匆去了哈佛大学费慰梅处索要《图像中国建筑史》的书稿，费慰梅说稿子先留在这里，还想将其出版。当时的中美关系很紧张，我回国之后告知林先生，此事即暂且作罢。“文化大革命”之后，一位研究梁思成的丹麦学者来拜访我，她计划和费慰梅合写《梁思成传》，提到了《图像中国建筑史》的书稿，她说：“这个书稿在你这儿，我们能不能借用？”我很惊讶，跟她说：“书在费慰梅那里，我没带回来。”她赶紧打电话给费慰梅，费慰梅也一下子急了。原来在 1950 年代，梁先生曾经向她要这部书稿，要她寄给一位在伦敦的 Ms. Lau（中文名叫刘惠珍），结果这位 Ms. Lau 并未交给梁先生，应当是将书稿私藏了。于是，费慰梅就请了一位私人侦探专门调查此事，最终查出 Ms. Lau 本人已在新加坡。我赶紧告诉林洙，让她写信去问。时隔半年，Ms. Lau 亲自将书稿交给了林洙，我也就再未过问了。在林先生身后近 30 年，经过多方努力，总算完成了她交给我的任务。后来麻省理工学院出版社将此书出版，因为这其中的种种故事，邀请我写序，我认为我责无旁贷，应该把未经歪曲的梁思成介绍给西方。

1945 年 8 月 15 日，抗战胜利，全民振奋，重庆举行大游行。第二天，战区文物保存委员会的历史任务也就完成了。于是，我就正式回到之前找到的工作单位中央卫生实验院。它位于重庆郊区歌乐山上，环境也很好，有一批学者从事环境卫生、垃圾分类处理与环境管理等研究。院长朱章赓、汪德晋都是这方面学者，我至今记得研究堆肥的学者王岳博士、从事市政工程的胡汉升先生。这虽然属于另一专业，我却对此

歌乐山梯田（1945 年绘）

抱有莫大兴趣，因为它和城市规划有直接联系，到后来在工作实践上体会到是与建筑属于同一个大领域。

在重庆中央卫生实验院期间，我住在我姨娘的宿舍里。绕过梯田林地去中央卫生实验院，朝阳明媚，曾有一只翠鸟飞来，停在田坎上许久，我亦不敢迈步，直到它振翅而去，这一美丽的画面，我至今仍感觉似在昨日。

在中央卫生实验院工作了一个半月，到 10 月份，我又接到梁思成的一封信，邀我去聚兴村看他。这时林徽因先生刚从李庄归来，卧病在床，这是我第一次见到林徽因先生。当时正好中央研究院历史语言研究所的傅斯年也来看她，梁先生向我介绍："这位是傅孟真先生。"林徽因也对我的到来表示高兴，屋子里似乎仅有一把傅先生坐的椅子，林先生见这种情况让我和梁先生去隔壁谈事情。

隔壁是大空屋子，什么也没有。"我们就站着谈，简单说了吧"，梁先生说他已与梅贻琦校长说好了，已经批准他在清华大学新办一个建筑系。当前的建筑教育太保守，他想办一个具有现代新思想的建筑系，以适应二战后的学术发展新思维。梁先生还说他将要去美国和欧洲考察，希望我去清华大学当助教，问我愿不愿意。我在战区文物保存委员会的时候，梁先生就似乎已把我当作成员，对我很亲切。我本来也曾模模糊糊地想走学术道路，这次任命我当然喜出望外，不假思索，就立即答应了，惊喜之情溢于言表。

就是这样一句口头的任命，开始了我在清华大学 70 多年的教学生涯。

1946 年初，清华大学前工学院院长施嘉炀寄来了校长梅贻琦的聘书。在等待西南联大复员期间，有 9 到 10 个月，我继续在中央卫生实验院工作。其间实验院搬回南京，我也从重庆返回南京，见到阔别 8 年的父母、妹妹及其他亲戚、故友。熬过 8 年的苦难岁月，自有说不尽的话，但一时似乎又无从讲起。这时我的任务是修缮南京中央卫生署的建筑群，以及杨廷宝先生设计的中央医院大楼等。中央医院大楼因一度为日军部队驻扎，损坏不堪，需要修缮，任务庞杂而琐碎。

在中央卫生实验院工作近一年，与同学刘应昌相伴，我深有收获。当时联合国善后救济总署拟向战后的中国捐建医院，我们就积极查阅医院相关资料，编成《医院

1955 年，清华大学建筑系师生合影（首排左 7 梁思成，左 9 吴良镛）

建筑手册》，另从事 50、100、500 病床标准设计。这时同为译员的程应铨从印度回国，带回了德国学者 L. 希尔伯塞尔默（L. Hilberseimer）的著作 *The New City: Principles of Planning*①，我与刘应昌共同翻译此书，程应铨校对。这是我研读的第一本城市规划著作，在重庆生活过的人领略过“雾重庆”，但读到这一本书才第一次

① 或译《新城市：规划的原理》。

理解雾霾的危害。1949年我在留美归来前得知该作者在芝加哥伊利诺伊理工大学建筑学院执教，专程去拜访过他。

在南京中央卫生实验院工作期间，我还一度赶去上海，在陈植先生家与梁思成先生晤面。他来沪做出国前的准备，并向我交代学生开学作业安排及我北上交通的联系事宜等。

中华人民共和国成立初期，梁先生一直在力图寻找新的建筑方向。1950年，他将清华大学建筑系改称为营建系，概括了他对学科发展的整体思路。梁先生还积极组织成立中国建筑学会（原名“中国建筑工程学会”）。经过两年的筹备，学会于1953年10月在北京宣告成立。与会代表选举建筑工程部副部长周荣鑫任理事长，梁思成、杨廷宝任副理事长，汪季琦与我任正、副秘书长。梁先生还在成立大会上做了主旨报告。

1955年已经开始提出“梁思成思想批判”，但由梁先生积极倡导成立的中国建筑学会依然发挥着重要作用。1955年，国际建筑师协会[①]在海牙召开第四届世界建筑师

① 国际建筑师协会(International Union of Architects)为世界各国建筑师协会、学会组成的国际性组织，法文名Union Internationale des Archl tectes，缩写为UIA。

1955 年，中国建筑代表团访问莫斯科

大会。中国建筑学会组成了 7 人代表团前往参会。杨廷宝任团长（后来杨先生还被选举为国际建协副主席），我是代表团的秘书。这次会议上，我们与国外建筑师，尤其是东欧的建筑师有了交流的机会。这件事意义重大，中国建筑学会可以说是中华人民共和国成立后第一个获得国际承认并参与国际学术活动的学术团体。

1956 年初召开全国基本建设会议，中国建筑学会梁思成、杨廷宝、汪季琦和我都应邀参加。我在小组会上说："在建筑思想批判中建筑院校被批判脱离实际，既然医学院可以有附属医院，建筑系是否可以有建筑设计院？"会议的组织领导者重视这一建议。1959 年，清华大学创办建筑设计研究院，可以说是对这一建议的实施。

"文化大革命"期间，我被关了起来，"批判"不断。1969 年，我被送去江西鲤鱼洲进行"劳动改造"。梁先生更是几经打击，后来全家被强令迁到北院。一间大房子，冬天没有供暖，寒冷得很。梁先生本来就体弱多病，正常时期常常一忙就要病一阵，住医院调理后会有所恢复，突然的生活变迁严重影响了他的身体健康，病情一直在加剧，最后才住进北京医院。我从鲤鱼洲回来去看过他，他思维还清晰，还关心着时局，还关心我的家人，等等。不料，这竟是我们最后一次晤面，当时他床边放着大氧气罐，很是凄凉，我看到非常心酸，幸有林洙照料他。刚进入 1972 年，先生实在撑不住了，于 1 月 9 日在北京医院病故。如果没有这段非常时期的折腾，梁先生肯定能多活几年，多做一些贡献。

2021 年 4 月 20 日是梁思成先生诞辰 120 周年，我特别撰文《践履笃实，一代宗师》回顾梁先生的成就与贡献。回首往事，梁先生的讲话仍犹在耳，这些奠定了我毕生事业的基石，我至今都感念他的知遇之恩。

林徽因的最后日子

1950 年我自美回国后，看到林徽因先生精神焕发。比起我出国前，她的生活丰富多了。林先生偶尔参加一些北京市或政务院的活动。参加会议、听报告、看演出和展览等，每次回来总要议论一番，她见到什么人、听了什么，她的体会如何；如果参加了晚会，还会有她对艺术的批评等，例如色彩的搭配、花纹造型之类，颇多分析评论。这一时期，可以说林先生将仅有的精力全部投入了专业活动，发表了一些重要意见。

1953 年 8 月 28 日，北京市政府召开由吴晗副市长主持的北京文物保护会议，会上林先生做了内容深刻而全面的发言。她认为保护文物和新建筑是统一的，保护是为了继承优秀传统文化，保护不仅针对宫殿、庙宇，还要包括一些民居和店面，要进行整体保护，要做好调查研究等。可惜这仅是会议的摘要，如能全文整理出来，当是很好的文献。

当时林先生和梁先生在一道致力于北京城墙的保护。据我所知，她曾就此事与北京市某领导争论道："你们把真古董拆了，将来要懊悔的，即使把它恢复起来，充其量也只是假古董。"回顾林先生的话真是不幸而言中。她对传统城市与建筑的保护不遗余力。例如，她在 1951 年曾指导研究生王其明、茹竞华对清华大学附近的蓝旗营进行调查与保护研究（研究成果现在成为研究清末"包衣三旗"的珍贵文献）。除了参与一般工作会议外，林先生还参加人民英雄纪念碑装饰纹样设计、临时送来的设计任务（如任弼时墓设计）等，付出了最大的努力。

学术思想方面，时代在发展，梁思成、林徽因的学术思想也在变化。在中华人民共和国成立以后，受爱国主义教育，在学习《新民主主义论》"民族的、科学的、大众的文化”“社会主义内容，民族的形式”及苏联“社会主义现实主义”等口号下，他们像所有的爱国知识分子一样，努力学习马列主义，并尽可能理论结合实际。现在看来，在这种历史的转折时期，对建筑有不同理解、不同议论是必然的，但当时可能有关方面很不以为然，显然至少并不全然同意梁先生的观点，而就在此时，梁、林就越发努力发表自己的学术观点。他们努力写文章，如在《新观察》上发表的《北京——都市计划无比的杰作》就是在此时写就的；同时，梁先生为了加强中国建筑历史修养教育，还为清华大学建筑系师生开设了讲座，林先生加上莫宗江协助认真备课。梁先生讲课时，林先生还特别过来，坐在后排听讲。讲课时，社会背景部分梁先生大量引用了范文澜的《中国通史》。

梁先生像中国其他一切爱国知识分子一样，希望运用马列主义观点指导研究与学习。然而渐渐地，报纸、杂志不时透露出批判的文章来，想来梁、林不可能不从其他的渠道听到或感觉到什么，他们自然日益感到压力。1954年冬，他们双双病倒了，本来每年秋凉季节转换，林先生总要病倒。这年，薛子正秘书长专程在城内修整了一套四合院，装上暖气，让林先生住（地点我已忘了，据说林逝世后让给傅作义住了）。我去探望她，一个大四合院，空荡荡的，只有林先生躺在后排一间大屋内，大概没有什么人知道她住在这个地方。她并不和我谈她的病情，而是问了许多关于建筑思想和理论的问题。她明显地感到困惑与彷徨，似乎已疲惫不堪，失去原先的锐气了。我劝她别去多想，养好病再说，但她怎会不去多想呢？这时，梁先生已经住在同仁医院。

1955年，建工部召开设计施工会议，批判建筑中的复古主义、形式主义。这次大会非同寻常，参与者普遍感到无比的压力，我亦如此。而梁先生就住在离开会地点一街之隔的同仁医院的高干病房里。会议中我去医院看梁先生，他说你到隔壁病房看看。我正不解，一进去，原来林先生也躺在那儿。她看我去笑了，“你看我们这对难夫难妇”。这次见面，例外地未谈业务，她好像还很爽朗，但我的心情却很沉重，包括街对面的宾馆内的建筑批判会更不能对她提起，可未想到这竟是最后一次见到她。

1955 年 4 月 1 日林先生病逝于同仁医院。后来听梁先生告诉我，北京的名中医施今墨大夫去会诊，指出她的肺部大部分都坏了，她后来也拒绝服药。追悼会在贤良寺[①]举行，这是中华人民共和国成立初期我随梁先生、郑振铎一同去察看过而保护下来的一座旧庙。参加追悼会的有她的生前好友和建筑系的同事，悼词是钱端升教授作的，赞扬她：

毕生献给中国建筑学术事业，疾病影响她的工作，但从未使她停止工作，直到生命最后一息。

林先生走了，当我看到家中那张林先生送我的红木画桌和《陈师曾印谱》时，常常不免触景生情。梁家要从新林院 8 号搬到胜因院时，林先生差人将这桌子送来给我；因为她知道我喜欢篆刻，还专门送我《陈师曾印谱》。

林先生去世，梁先生住院至身体有所恢复，便被安排到颐和园谐趣园一侧小住一段时间。他重新拿起水彩笔，在一个专用的小图板上画了一两张水彩。回到家里平静下来后，梁先生以难言的伤感开始亲手为她设计墓地，被批准将一幅她为人民英雄纪念碑设计的纹样石刻浮雕稿安放在墓碑前。梁先生从林先生的"诗囊"中将她随感而发的小诗一一用工整的字体重抄一遍，可惜这份珍贵的抄稿在"文化大革命"中被毁，否则我们在今天当可读到可贵的《新月续集》。林先生走了，我感到对梁先生而言失去了一位学术伴侣和帮手，一位帮助他运筹帷幄的人。林先生有一种对新鲜事物的敏感，她有独到的见解和战斗进取的风格。她可以将梁先生的重要文章改得面目全非，直到她改不动了，梁先生再重新收拾，这往往使得文章字里行间洋溢着豪情。

我与林先生在 1945 年底于重庆聚兴村第一次晤面，到 1955 年同仁医院的最后一面，总共仅 10 年，这是她生命的最后 10 年，也是颇为辉煌的 10 年。严格地说，这 10 年她躺在床上把一个系从无到有地办起来；以充满热情与抖擞的精神参加中华

① 原址在东城王府井大街东侧的帅府胡同，曾为清怡亲王的故邸，雍正十二年（1734 年）改建为寺。乾隆十二年（1747 年）移迁到金鱼胡同南侧重建。全寺曾有房屋三百余间，寺庙建筑现已不存。

林徽因先生墓碑前的浮雕

人民共和国的一些重要工作，为她的学术思想和见解奋力工作直到最后离去，可惜这些并不完全为人所知。

沙里宁的教诲

1948年，梁思成先生推荐我去美国匡溪艺术学院[①]学习建筑与城市规划，这是由美籍芬兰裔建筑师 G. E. 沙里宁所创办，集建筑与城市设计、综合设计、绘画、版画、雕塑、纺织设计、金属、工艺设计等于一体的艺术学院，还有匡溪附中、匡溪女子学校、匡溪博物馆、匡溪科学研究所等组成的学术文化中心。它散居于美国底特律城远郊的一片大树林和湖泊四周，风景绝美，建筑群均为沙里宁先后设计，既各具一格，又浑然一体，具有浓郁的文化气息。

沙里宁创办匡溪艺院的教育思想鲜明。第一，每个系都要延请一两位本领域的大师主持（曾有设音乐系之议，因为未得合适人选而作罢）。建筑与城市设计由他本人执教；雕塑系原由瑞典雕塑家 C. 米勒斯（C. Millers）担任。米勒斯曾就学罗丹门下，他在匡溪有一个约二层楼高可供创作的巨大雕塑工作室，家里的客厅里藏品丰富，俨然一座古代雕塑博物馆。他年迈时，将这些藏品捐赠给瑞典，现陈列在斯德哥尔摩米勒斯旧居中，旧居室外的庭园也陈列有米勒斯平生雕塑的大量复制品，面向大海，已成为斯德哥尔摩一景，现为旅游参观之胜地。美术系主任为匈牙利名画家石比雪，他的画室陈列亦洋洋大观，俨然画廊。早期教师延请北欧艺术家居多，故颇具地区文化风格。第二，每个系招收学生不多，属于工作室制，师生各自从事创造性工作，不时

① 匡溪艺术学院是美国的一所顶级小型艺术专业院校，位于密歇根州底特律郊区布鲁菲尔德山中的匡溪，于20世纪初创立。匡溪的第一任校长是美籍芬兰裔建筑师 G.E. 沙里宁，也就是常说的“老沙里宁”，他规划了整个校园，并设计建造了校园内的主体建筑及博物馆等。

1949 年，在美国匡溪艺术学院

交流切磋。第三，为学生创造了良好的工作条件，每一个学生可以有一间房屋大小的工作场所，例如，我在学习时就有 4 张大绘图桌，可以同时交叉作业，并随时利用空间从事模型制作；学生可以跨系选课，以促进对综合艺术的广泛理解，开阔视野，加强造型修养，如我当时即学习过雕塑和绘画，还有共同的课程人体速写。第四，匡溪有一个很好的博物馆和以艺术书籍为主的图书馆。其中也有不少中国艺术图书，我在那里竟发现有《中国营造学社汇刊》等。

沙师的教导重在启发。他反对教条式的教育，强调教师以自己对艺术真诚、创造性的追求，潜移默化影响学生。匡溪艺院除了一些如美术史的公共系列讲座外，并不以讲课为主，当然亦无固定教材。他并不鼓励学生死读书本。我在匡溪时，适逢沙师第二部著作《论形式的追求》（*Search for Form*）问世。他签上名，送每人一本，让学生自己去看、去想。他看见我桌上不时堆了不少书，并认真在读，提醒我：多读书是好的，但书的作者难免有他自身的局限性，所以要学会思考。他欣赏具有一定思想见解的学生，还强调“思想方法”（method of thinking）的重要性。我在当时是第一次听到，他不时指出一些理论与作者的创作实践不符，分析作者思想方法上的混乱。他强调建筑应以人为本，要有人情味。他批评勒·柯布西耶[①]说的房屋是居住的机器，他认为机器是工具，而房屋是与人朝夕相处的朋友，要亲切、适于居住，不能与机器同日而语。他鼓励学生要勤奋，他以自己的敬业精神诫勉学生。我去美时，他已是七十六岁的老人，仍伏案作图。他眼睛不太好，青光眼动过手术，视野缩小了，看图的时候，如要用铅笔，就得伸手从铅笔盒中去摸，虽如此，仍坚持不懈。

沙师的要求甚严。每天早晨 10 时，他就通过一个小廊子从家中直接到我们工作室来，在每一个绘画台前转一圈。出成果的学生当然更能得到他的欣赏，他鼓励有加，也常引导出更多的话题来，聆听者就获益更多。除了亲自辅导外，沙师还会带一些美国内外的知名来访者到工作室来，让他们向学生提问题。我在匡溪的两年多，见到不少建筑界的名人，如美国的 R.B. 富勒（R.B. Fuller）、英国的 S. 阿伯克隆比（S. Abercrombie）、波兰的 M. 诺维茨基（M. Nowicki），有时还有不同的代表团等。

他非常关心学生。我记得刚去匡溪不久，拿出带去的水彩画给他看。他很高兴，当时正好他的女儿女婿（亦是知名建筑师、设计师）在匡溪艺术学院博物馆举行个展，他亲自嘱托有关方面，为我专辟一间举办我的水彩画个展。这是我生平的第一次画展。沙师还以相当于当时水彩画最高的价格，购了我的两幅画。这两幅画一直悬挂于他的工作室中。通过展览会，我的画被定购了十多幅。当地的报纸亦发表了艺术评论予以肯定。甫入匡溪，这一经历既是对我的艺术追求的肯定，又立即缓解了我初去美国的生活压力，从此我更安心学习。当然，也因此失去了一些做于我国西南自认为比较成功的作品，至今仍为憾事。后来，我又办了两次个人画展。第二年暑假前一次，在克利夫兰（Cleveland）画廊；即将回国前一次，可惜后来匆匆回国，经手人后又变故，这批作品（约 50 幅）就此丧失了。

① 勒·柯布西耶（Le Corbusier, 1887~1965），具有国际影响的法国建筑师和城市规划师，现代主义建筑的主要倡导者。原名 C.-E. 让纳雷（Charles-Edouard Jeunneret），勒·柯布西耶是其笔名。代表作品包括马赛公寓大楼、朗香教堂等。

DIRECTIONS FOR MAKING APPLICATION:

1. Fill out this form completely.
2. Submit examples of your creative work. (Sculptors and Ceramists send photographs only.)
3. Enclose Registration Fee of $10.00. Fee will be refunded if application is not accepted.
4. Secure and enclose a statement from your physician concerning your health and indicating any disabilities.
5. Enclose a written statement giving your reasons for wishing to attend the Academy, suggesting the ways in which you believe the Academy might help you develop your art, and indicating the professional use you expect to make of your experience here.
6. If a candidate for a degree, submit transcripts of previous educational records.
7. Arrange for a personal interview if possible.
8. List below the names and addresses of five mature persons including three instructors and two persons who are not relatives, who have known you recently and to whom we can write for information about your character, ability, and motivation.

REFERENCES:

Name Dr. Liang Ssu-cheng Street Address Department of Architecture,
City Tsing Hua University, Peiping, China Zone State

Name Mr. T. Pao Street Address No. 7 Chin Cheng Lee, Pao Hwa chieh.
City Hankow, China Zone State

Name Prof. T. P. Young Street Address Department of Architecture.
City National Central University. Zone Nanking. State China

Name Prof. Hsü Chung Street Address Department of Architecture.
City National Central University Zone Nanking State China

Name Street Address
City Zone State

NO APPLICATION WILL BE CONSIDERED UNLESS ACCOMPANIED BY THE DATA REQUESTED ABOVE, NOR WILL ACTION BE TAKEN UNTIL COMMENTS FROM REFERENCES HAVE BEEN RECEIVED.

I hereby agree to accept full responsibilty for debts or other obligations incurred by me at the Cranbrook Academy of Art:

Liang-yung Wu

(Signature of applicant, or, if applicant is under 21 years of age, signature of parent or legal guardian.)

在匡溪艺术学院的学籍档案

匡溪艺术学院（1949 年绘）

在沙里宁那里学习是工作室的方式，每届学生人数不超过 10 人，美国及外国学生各占一半。每个人有自己的题目，都要找到自己的方向和道路，一般读一年，也有两年的。我的题目是《中国城市之研究——以南京为例》（*Study of Chinese Cities: Nanjing as an Example*）。对一个中国学生，他鼓励要研究、继承传统文化，当然也要研究现代西方文化。他热爱东方艺术，说这是一个宝库，提醒我注意，不要失去东方的文化精神。

一年之后，我萌生去其他学校再学习的念头，但后来放弃了。主要是觉得在匡溪比较熟悉，而且感觉自己好像模模糊糊找到了一点什么，于是就决定再逗留一年。第二年我又得到奖学金，定了新的研究题目，研究中国的住宅问题，还是以南京为例。沙师有句名言：“城市的改善和进一步发展显然应从解决居住环境的问题入手。”后

1950 年，在沙里宁事务所

来我还在劳伦斯理工大学教建筑设计初步课程，其间还参加了罗马奖金竞赛，竞赛题目是“第二次世界大战美军太平洋战争烈士墓地、纪念物与陵园”，位置在夏威夷檀香山的钻石山（Diamond Head）。这里原为一死火山口，基地中间低四周高。我与一位画家、一位雕塑家合作设计，以夏威夷“太平洋战争殉难者纪念碑设计”获得了 1950 年罗马奖金建筑绘画雕塑设计竞赛的荣誉奖。沙里宁看到我的作品，挺欣赏，推荐我到他们父子合作的事务所去工作。

课程快结束的时候，我就去了小沙里宁的工作室。过去一年中已与小沙里宁有较多接触，现在亲身参与到小沙里宁的工作室，收获非常大。当时工作室的行政主管是杨廷宝当年的同班同学，令我倍感亲切。我去的时候，正赶上小沙里宁事务所热火朝天地投入通用汽车公司科技研究中心项目。我从小沙里宁处领受任务时，他的第一句话就是："你是很幸运的，这是这项工程的最后一组项目，望好好设计。"

小沙里宁主持工程有一个特点，他所有的设计任务从最初想法到最后方案确定都是他来主持，工程设计组只有两三位设计师，多是经挑选的设计精英。我来小沙里宁工作室，能被分配到设计组，作为他的助手之一参与项目，增加了自信。这是非常好的学习机会，可以见到大师是如何工作的。他每天白天非常忙，要应付各种工程设计业务，接待各类客人，到了晚饭后才能坐下来安心看我的图，这时候他特别平静，心平气和，没有一点急躁情绪，很认真地看我一天做了些什么。开始的时候他很耐心地给我讲工作方法，让我把各个房间的互相关系找出来，用图解表现，形成组织关系图，然后就是找难点、独特的构思和可能的布局方案。这组房子的设计要如何才能有所突破、有所创新，要找到关键点做文章，才会直接影响到未来的建筑形象。

在事务所工作的时候，我已经住在另外一个小镇，小镇距离办公地点比较远，所以每天晚饭后，我就开始紧张工作，等着小沙里宁看图，直到十一点半，赶最后一班车子回镇。第二天早上我再到工作室，总会看到桌子上比头一天有更多的烟灰，还有铺好的图纸。他在多种草图和他比较看重的有发展前途的方案打上记号，比与我初讨论的时候又有更深入一步的结论。他让我接着再深入做方案。我在中央大学的建筑设计学习中，有一种"快速草图的制度"，即拟定某项目方案用一天或几天限定时间，培养迅速思考的设计能力。在小沙里宁这儿等于天天做快速设计，我的收获也特别大。

1949 年 8 月，我得到了学位。匡溪的规定，学生毕业前，都要举行个展，当地的报纸将我的展品在文化版以整版的篇幅做了报道，并列出沙师如下的评语：

> 在他的工作中，灌注了一种称之为中国现代性的精神。这种精神不仅来自一般的人类文化发展，而且来自中国实际生活的发展，一种新与旧的结合，基于中国自身的坚定不移的精神。[①]

① G.E. 沙里宁 1949 年 6 月接见《底特律论坛报》记者的谈话。（作者注）

1949 年，在匡溪布置毕业展览

当时的我仅仅理解为一般的赞勉之辞，未加多想。在半个世纪后的今天，重温旧事，回顾几十年来的道路，不就是在中与西、古与今矛盾中徘徊前进吗？具有远见卓识的导师却在我上学时期就一针见血地予以指出。大师睿智的魅力也在于此，而什么是中国现代性的精神，如何能从中国实际的发展中来发现、探索这种精神，时至今日，仍然是需要认真思考并严肃探讨的。

李约瑟给我的力量

1980年，我应联邦德国文化部之邀到卡塞尔大学讲学，其间得到英国剑桥大学之邀请，赴英讲演，经介绍拜访李约瑟。那时的剑桥大学东亚科学史基金会还在一个小楼里[①]，满放着图书，楼梯间还有专为鲁桂珍（李约瑟的长期助手，第二任妻子）准备的机械升降车，因为她腿不太好，上下楼不方便。我比约定的时间早到了一点，正在门厅观望，就见一位白发老人正在查阅资料，他没有放下手头的工作，只是领我到楼上看一看建筑图书。有些图书前页贴了不少方块纸，纸上主要写了那本书的要领，字写得规整费力，我猜到是老人的字。他总是利用下午茶聚的片刻休息来见客人，我做了自我介绍，当他知道我是梁思成的学生时，就高兴了，说1940年代他曾去李庄见过梁先生。我带着当时在联邦德国讲课的资料，和他谈古代城市规划史，他拿着随身携带的放大镜，饶有兴趣地仔细观看，特别是对他到过的城市问得很认真，并鼓励我写好中国城市史。突然，他发现我们的谈话已大大超过了一般会客的时间，连说该工作了、该工作了，匆忙与我告别。

我是以极为崇敬的心情从小楼走出来的。这位在1930年代已负有盛名的生化学家、皇家科学院院士，当他发现一个全新的研究领域，便毅然决然地以极大的勇气和魄力进行开拓，这称得上是综合古今历史、跨国文化史上的一次最伟大研究，被誉为"也许是唯一的、整合历史与各种文化交流的伟大创举"。我在剑桥的书店中购得李约瑟

① 1968年，李约瑟和朋友们在剑桥创立东亚科学史基金会，以支持编纂《中国科学与文明》（也译作《中国科学技术史》）丛书。1976年以其个人藏书为基础创立东亚科学史图书馆。1983年东亚科学史基金会改名为李约瑟研究所。

1981 年，在剑桥大学东亚科学史图书馆门前与李约瑟合影

所著《中国科学技术史》的建筑内容的分卷，其资料翔实，注释严格。当时有人介绍他已出版了多少部，还计划出版多少部，以他毕生之力，可以写完，等等。1995 年老人去世时，这部巨著有 16 个分册已出版；到 2018 年年底，已出版了 25 个分册，还有 3 个分册正在写作中。我亲眼看到了这位科学家如何分秒必争地致力于这一浩大的计划。这次访问，时间虽短，对我震动很大，我每以老人的精神自勉，并在一些场合把这一件事向青年学生介绍。

后来我又到过剑桥大学，听说他正带着设计模型为修建新馆而募捐奔走，就未去打扰他。1987 年我再次来剑桥大学，新馆大楼已落成，图书正忙着上架，馆藏已超过 2 万种。我拜会了李约瑟及鲁桂珍先生，听说李约瑟先生的夫人病重，老人竟每天上学院的食堂吃饭。这时他也许心中有事，无心多谈，亲自把我送馆里的书籍盖上馆章，并请我看新馆。比起第一次见到他，李约瑟又老了许多，背更驼了，走路步子更沉重了，但还是精神矍铄，更紧迫地致力于写作。他热情地要我搭他车，送我一程。我看他上车时因年老、膝部关节没有力量，弯腰进入车中时，身体简直就是落在车座上。我惊奇于此公这么老了还驾车，他似乎觉察到了我的内心活动，说："我才不信车祸发生在老人身上多，还是青年人身上多。"他的幽默而又自信、思维之敏捷令人钦佩。

后来，帮助布置新址庭园的设计师向我反映，李老很希望新馆庭园中能有一块中国的太湖石，我很能理解他对中国文化热爱的这种愿望。回北京后，在一次院士会上，我便向中国科学院的周光召院长反映，他立即同意，这时恰好老人九十岁生日将届。不到半小时，科学院的一位负责行政的同志就来找我，问明情况，当即确定委托我代觅一尊，由他们运去。我通过北京市园林设计院一位同志代劳，从拆除的旧园留下来的山石中，很认真地挑选了一块，并设计了一个座子，出乎意料地顺利办成了。

2001 年 4 月，我受英国国家学术院（The British Academy）的资助，和我同伴专程赴李约瑟研究所进行搁置了近 20 年的中国城市史研究。这次要在这座新馆待上一个月，院前刻有"中国科学院赠"的那尊太湖石已立在那里，但老人和他的夫人都已相继作古了。人去楼空，我

李约瑟研究所门前的假山石

心中不免黯然。新任所长何炳郁先生以前见过一面，他义务地不定时地从新加坡前来处理一些馆务。研究所里的人员是从不同国家来的，包括国内的一些研究人员，都在默默地工作。有一位副所长常来，他的责任是推进李约瑟未完成的文稿出版。他向我抱怨说，由于撰稿人总有种种原因拖延，因此进展迟缓。还有一位图书馆馆长，恪守岗位。他们都非常热情。我们的办公室窗明几净，窗外花木葱茏，小溪从地板下穿过。坐在图书馆楼上宽敞的房间，四周的图书包围着我，涉及科学史的中外图书罗列有序，可以信手取来，还有不少在大陆一般看不到的台湾图书。真是生也有涯，知也无涯，我心如平镜，思如泉涌。

城市是每一个时代多方面成就的集中反映，中国城市史的研究不可忽略地也要从科技的发展中找出它的影响轨迹。中国的城市史研究也要立足于世界范围内城市的发展，做比较研究。李约瑟在分析中国科学传统之优点与缺点时说，这些“科学与知识是在时间中累积起来的合作事业”，树立这一科学史观，十分重要。今天我们面临这样庞大的建设任务，我们应如何累积已有的知识，又如何以合作的精神推进这“合作的事业”？这些深刻的意义，我们不能不时时思考。

李约瑟走了，他安息在庭院中的大树下。从他的鸿篇巨制中，我们看到科学无止境。做学问也是，为学要有见解、有意志、有魄力，有志者事竟成。从他身上可以受到启示的方面很多，“李约瑟难题”还没有得出公认的结论，仍然在促使我们思考，中国学界史无前例的宏大建设任重道远，既要从其他文明的科学观念中寻找启示、借鉴经验，也要从自己文明中总结、创新、发展，中国现代的科学工作者要从李约瑟处得到勉励与鞭策。

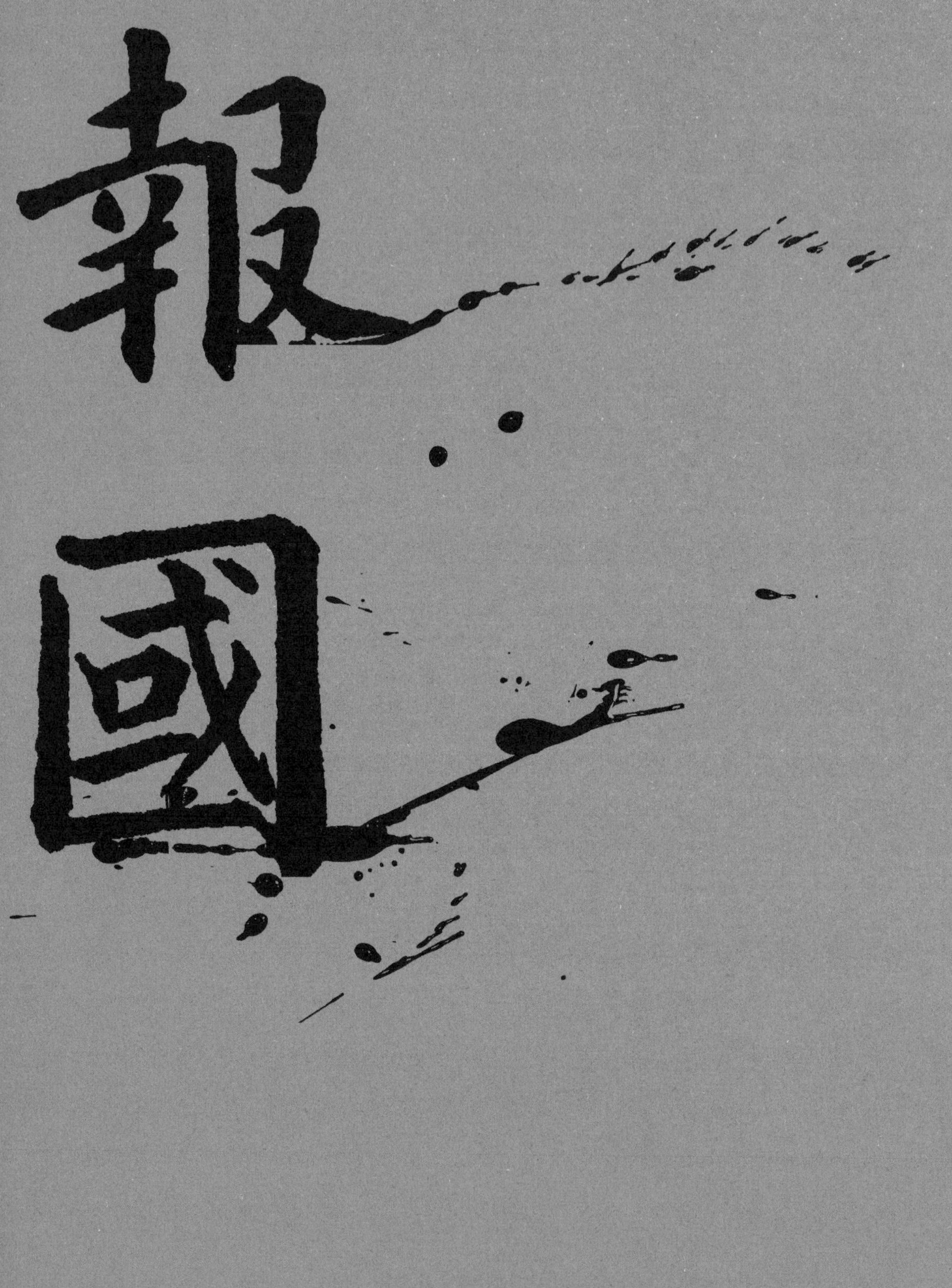
報國

第三章 报国

我乘坐邮轮『克利夫兰总统』号回国，同船的还有数学家华罗庚。另据闻，钱学森是在我们前一批，但是他在回国途中被扣押了，传说被关在湾区的一个岛上，当时扣押的理由是他揣带有科技资料，因此我们当时也很紧张。

1988年，在清华大学建筑学院成立大会上，我有一个发言，提出创业精神和学术思想基础是建筑系的灵魂，学术思想的建设和成长是建筑系发展的保障。我引用闻一多的诗：『诗人的天赋是爱，爱他的祖国，爱他的人民。』建筑系也要有一个学术精神，始于梁先生，对建筑事业的爱、对祖国对人民的爱，要发扬光大。

“诗人的天赋是爱”

安得广厦千万间

抗日战争期间，中央大学迁驻重庆沙坪坝，一切都很简陋。当时建筑系的系馆是用毛竹捆绑的，瓦顶，篱笆墙。尽管如此，每一个学生都有一块大图板，一张桌子，一个高脚绘图凳，桌子下面还留有一点空隙，容个人放一些书籍。系馆的尽头是素描教室，在那里可以画人体静物，周末还可以用来组织唱片欣赏会之类的活动。窗外俯视嘉陵江，冬季江水清碧，春来垂柳成荫，系馆门口长了些灌木，每逢初夏，栀子花开，香气袭人……当时，全校只有建筑系和艺术系的学生享有系馆的特殊待遇，因此，我们真可谓“天之骄子”了。在这里，我度过了两年半的时光。尽管生活很艰苦，但我对业务的兴趣，对未来生活的憧憬，如醉如梦。在这里，也有不少的故事，既有世界的、国家的、重庆的，也有学术上的、个人的。往事如烟，许多事回忆起来已若隔世，但有一件事我至今未能忘怀。

1942 年暑假，有些同学离校，我则一如往常，仍在系馆里学习。有一天夜里，重庆突然刮起了罕见的大风，把屋顶上浮摆的瓦片吹去了不少。本来系馆早就有重修之意，这次不能再拖了。于是请来十几个工人，用新竹子重新捆绑整修。工人们爬上屋顶，有说有笑，高兴时还吆喝几句川剧或四川号子，接着一批人跟着帮腔。他们高昂的声音此起彼落，充满了欢乐，我也不时地停下我的工作，欣赏这劳动的歌声。那时尽管流亡在异乡，但从这些日常的生活中，我领略到生活的乐趣，巴蜀风土人情之淳美。

有一天，我从宿舍来到系馆，看到屋顶上没有人了，门前却拥了一堆人，都在站着，无人说话，有人低着头，有人在悲戚。我挤进去，惊讶地发现，地上躺着一个工

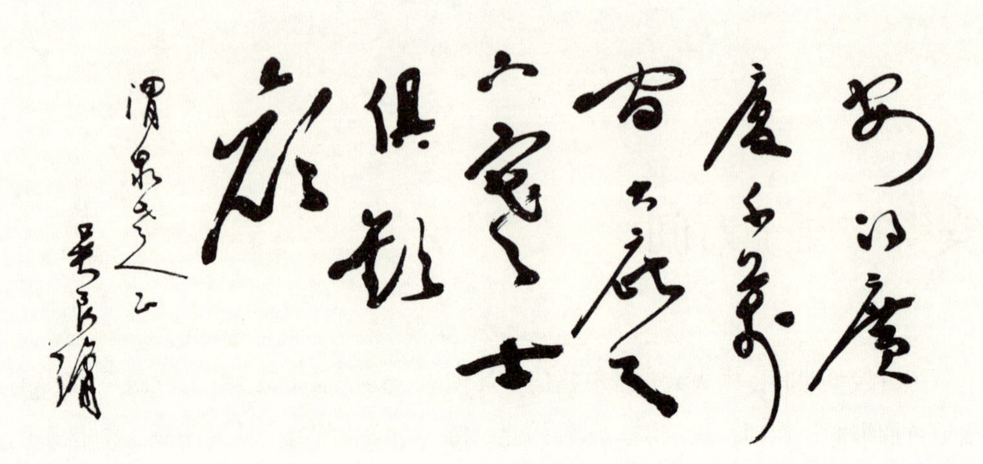

安得广厦千万间，大庇天下寒士俱欢颜

人，了解到他因误触了斜穿屋顶上的高压线，死了。工人们正哀痛地站立在他的周围。

翌日，顶棚仍在修，工人们仍在工作，但很静默，歌声没有了。也就在这个时期，当我读到杜甫的《茅屋为秋风所破歌》时，就感到分外的凄戚："八月秋高风怒号，卷我屋上三重茅""安得广厦千万间，大庇天下寒士俱欢颜，风雨不动安如山！呜呼！何时眼前突兀见此屋……"情不能已。

我无法分析在我感情深处的东西，但房屋、歌声、建筑工人……常常在我心中串在一起，更加深了我的专业情感，启迪了我的"人居"之梦。或许这就是懵懵懂懂的逐梦人生的开始。

后来有一年去重庆，我特地跑到松林坡去走一走，环境的变化让原来的建筑连痕迹都找不到了，但那欢乐高亢的建筑工人之歌，那赋有生命力的旋律，仍在我耳畔回荡。

投身抗日远征军

1944年初，在我大学生活中有了一个重大的转变。那时是大学三年级，我陶醉在业务学习中，心情很平静。由于1941年日本发动太平洋战争，之后滇缅公路中断，缅甸日军进入国门占领怒江以西的滇西，幸我方撤退时主动炸毁在怒江上的惠通桥才阻止了日军的东进。此后美国派J.W.史迪威（J.W. Stilweell）将军来华，在印度组成远征军，拟从内外两个方向打通滇缅公路。在此计划下，内地各校应届毕业生都被征调为译员，我也应征入伍。

这是我一生中比较重要的阶段。过去也说要抗日，但只是游行喊口号，这一次是实际参加了抗日战争。正如陆游诗词所言："切莫轻书生，上马能击贼。"我从1944年初应征受训。最初，我在重庆接受了短期训练（当时出国的人都要训练）。4月赴昆明黑林铺美战地步兵训练营受步兵武器训练。我被分配至滇西远征军第二军美军顾问团，之后又从昆明沿着缅甸公路，经过大理和南邑，以及下关、弥渡、镇康等地到达一个战地服务中心——中国远征军第二军的美军顾问团联络组。

当时远征军一方面从中国云南向缅甸打，另一方面从印度、缅甸向云南打，以期会师。之所以要攻打这个通道是因为日军已经把沿海占领，抗日后方的海上供给已经完全断绝，大陆的对外联系要靠从印度经过喜马拉雅山到昆明被称为驼峰的一条路线。当时要打出去只有一条道路，就是要冲过怒江。由于惠通桥已经为了抵挡日军东进而被炸毁，我们西进是坐橡皮筏子过怒江，之后就进入丛林，相当辛苦。抵达镇康后，我被分派到第二军第九师第八团。后来随着战争的变化，顾问团联络组间也不断调动。师部、军部我都待过，骑马打仗，真正参加了抗战。

午市（滇西畹町，1945 年绘）

云南的西边，真是难得一去的地方，重峦叠嶂，有时候前一天都在爬山，第二天就要整天地下坡。到了怒江岸边，借橡皮筏过怒江，马队通过就有困难了，需要提着马的耳朵，让马头露在水面外，很乖巧地跟随着筏子过江。怒江水急，筏子随着水流向着对岸找最短距离漂去，到达对岸有时候不知道已被冲到哪里，还要回头找路。那时候已经是雨季了，行军要穿过热带雨林，部队发了雨衣、皮鞋、钢盔。行军很艰难，我最初没有经验，走在后面，由于没有路，又下雨，经过前面部队的践踏，泥很深，没法走，泥浆一直到膝盖。后来才明白，行军最好力争赶在前面，尽可能“先行一步”，否则路越走越难走，体力消耗很大。“先行一步”，即在未经过大军踩踏后的道路上行走，比较省力。

这个时期走过的地方，现在也难得一去。我们走了茶马古道滇藏段，当时经过少数民族地区，印象比较深的是彝族，当地叫白彝，白色衣服，银色纽扣，衣着在行路时很美，我至今还有少数民族地区的速写。我记得某一夜晚，越走越困，黑漆漆的，越走越走不到尽头，一直爬坡，爬到一个地方困极了，最终找到一个草棚，在两根柱子间绑起吊床（顶层是一个帆布，两边在柱子上捆着，为防蚊虫四周有纱，下雨还有雨布）。早上当我醒来时，眼前白茫茫的一片云海，渐渐白云沉下去了，太阳出来了，光芒四射，像在仙境。后读前人诗“日落群山阴，晨起白云空”就是这一景色的绝妙写照。我还偷闲写了诗句描写当时的战时生活：“采得山花三两枝，破瓶清供吐幽姿。萧闲意态真无我，戎马倥偬读宋诗。”

我所在的部队主要在龙陵一带，早期滇西的战事集中在3个地点：腾冲、龙陵和松山垭口，其中松山垭口是日军的重要据点，驻军很强，堡垒非常坚固。中国要反攻，这是耗时费力的恶战，伤亡极大，不拿下来就打不通滇缅公路。

战争中，很长一段时间松山打不下来，很艰苦。我所在的第九师（当时也是很有名的战斗师）师长陈克非是有名的骁将，在第二军有很高的声望。他在前线熬了好多天，回来之后双眼通红。最后，日军终于抵不住了，松山被打下来了。日军匆忙撤退，我们部队乘胜追击，美军顾问团联络组随着中国军队沿着日军逃跑的路朝山谷底下追。追逐的过程中我曾看到日军的战马僵直地战死在山沟里，还有一个军官尸体，手被砍

茶马古道（1944 年绘）

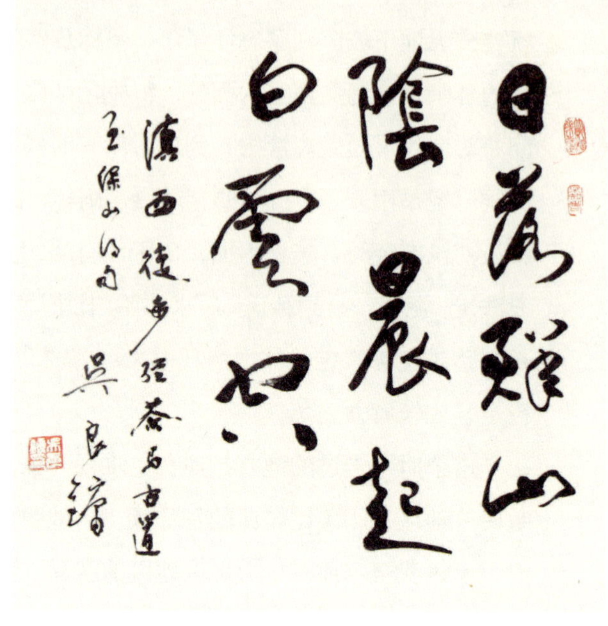

日落群山阴，晨起白云空

掉了。据说在尸体运不了时，日军只能砍下一只手携带回国作为权宜之计。

在这次部队追赶之前，我们曾一度驻扎在象达，我们在山坡上，底下是个坝子，日军正占领着芒市。为了发现仓库或其他军事目标，我跟一个韩裔美国军官一起，连续观察日本汽车的运输路线，看车子停留的据点。连续很多天，每天天初亮了上山，上山时用两节竹子中间打通储水，随身携带，发现了情况就用无线电信号通知美军联络站进行轰炸。这个过程中盘踞在芒市的日本人也向山里面乱打炮，防止被监视。炮火漫无目的，其实是比较安全的，但密集的炮声还是令人心慌。后来，我们真的发现了一处仓库，轰炸也成功了，这个美国军官还得到了铜十字勋章。

我们追日军一直追到芒市，就不再前进。那时候芒市刚刚经历轰炸，瓦堆里面有玉佛像的碎片，我有水彩画《劫后》作为纪念。追击的队伍一直驰向畹町，1945 年

边陲小景（滇西畹町，1945 年绘）

1 月 19 日，我亲历了畹町会师，当时战区司令卫立煌也来了。会场是临时开辟的，各部队汇集在一起，分配到各部队的译员们也见了面，自是一番欢庆。

会师后队伍就闲下来了，下一场战役遥遥无期，军人们闲着无聊就打牌、喝酒。我也在休整，等待命令。我除了参加部队的操练外，还会读书绘画。中央大学艺术系老师徐悲鸿的学生冯法祀来滇西写生《村民捣米》，我从旁观看至几近完成。后来我去北平后才在艺专进一步与他结识。当时有一个美国军官，名字似乎是 C.C. Medera，初来时对中国很不友好，时间长了他也发现译员的队伍除了征调的学生外还有其他人组成，也很杂。由此，我们倒接近起来。我跟他说这里的战事结束了，我想回去读书，从事城市规划。他对此表示支持，帮我打了报告，联系从缅甸回来运送物资的车队，还配给我半箱美军罐头就离开了，我记得那时是四五月许。

途中偶见（贵州，1945 年绘）

搭车同行的还有一位熊团长，属攻打松山某部队。据他告诉我，他曾是病兵营的营长，后来因为松山拿不下来，已经面临最后关头，不得已他管辖下的伤愈的兵也应命集中上阵了。当时他对这些兵说拿不下来我们也活不了，是抱着必死之心冲上去的，最后竟然攻下来了，可能这时日军也已经是强弩之末。这是滇西最关键的战役，为此，蒋介石颁给他青天白日勋章。他人很憨厚，跟我聊得很好，到一个地方，有餐馆、小饭铺他就请我吃饭，没有就吃我的罐头，一路到了昆明才分手。这位熊团长给我留下了很深的印象，通过他的描述才知道驰名的松山垭口最后是如何拿下来的。

车队到昆明后我便转乘另一队经贵州去重庆的车队。从昆明经贵阳，经过了二十四道拐、七十二道弯，道路崎岖，都是抢修出来的。我记得有一次车子正在上坡，突然前轮路基松动了，在这关键时刻有专人从驾驶车厢中紧急跳出来，在车的前轮下插垫木楔止住下滑。在贵州，车子停了几天，我们在贵阳观看了少数民族的舞蹈。现在回忆沿途所见，心影犹存，风景很是迷人，雨季的时候，满山云雾，气候变化无常，时有云雾穿插，似在画中行。在今天的安顺和晴隆一带，车子抛锚，好心的司机在汽车发动机的凝结水中滴给了我一些，让我有机会完成了一幅水彩画。当地人相当穷困，沿途见了许多挑夫，他们的伙食就是白米饭加点辣椒面，身背重负，拾级而登，实在乏力时，靠着石壁，在背上的重负下面垫上木棍，手扶着喘息片刻，继续攀登。目睹这种状况，我的心中感到另一种沉重，滇黔之行看到穷苦劳动人民的生活，至今仍在脑际浮现。

从 1944 年 5 月到昆明黑林铺步兵训练营，受新武器训练后，经长途跋涉至镇康作停留，过怒江前线直至畹町会师，共历时一年许。抗日战争期间正值我体格发育，我与亲友一起逃难，总吃不饱，身体一直不好，倒是滇西战线不断行军走路，并有配给口粮，身体反而强壮了。云南和贵州之行建立起我对西南山水、人民的感情，永未磨灭，且与日俱增。

2015 年 9 月 3 日，庆祝中国人民抗日战争暨世界反法西斯战争战胜利 70 周年，我作为老兵被邀请参加天安门广场阅兵，真是欣喜。“文化大革命”中所受的种种诬陷的悲痛一扫而光。

纪念中国人民抗日战争暨世界反法西斯战争胜利 70 周年大会请柬

辗转归国

1948 年我经梁思成先生推荐赴美留学，在美国留学期间，除家信及梁先生在中华人民共和国成立前夕给我的一封信外，基本与国内失去联系，在学校只有我一个中国人，后来与在他校的留学生也失去联系，潜心蹲在象牙之塔中。但是有几件事促使我紧急回国。其一是朝鲜战争，讯息每日没完没了地广播，电影中附加着对朝鲜的狂轰滥炸。其二是梁先生和林先生要我回国。我收到一封是林徽因口授、罗哲文代笔的信，因空白处有好多行歪歪斜斜的字，便知是林先生卧床亲笔加写的，大意是国内形势很好，百废待兴，赶紧回来参加祖国的建设工作，并嘱咐我去波士顿哈佛大学费慰梅处，将梁先生的《图像中国建筑史》书稿带回来等。催我回国是意料之中，我肯定要归国，但如此急，又是意料之外，林先生这封信很重要，加紧了我回国的步伐。

回国经历了一个非常艰辛的过程。当时，香港已对归国人员封锁，不办通过签证。我从留美同学蔡梅雪那里得到信息，知道当时哈佛大学有一个中国留美科协（全称留美中国科学工作者协会），我联系到了当时的负责人侯祥麟（后来他也回到祖国，并担任过石油工业部副部长、石油科学研究院院长），询问如何办理归国手续，并匆匆办理。

我乘坐邮轮“克利夫兰总统”号回国，同船的还有数学家华罗庚。另据闻，钱学森是在我们前一批，但是他在回国途中被扣押了，传说被关在湾区的一个岛上，当时扣押的理由是他揣带有科技资料，因此我们当时也很紧张。令我感动的是，船快开时，沙里宁事务所的朋友将我当时绘制的图纸寄达，以做纪念。

“克利夫兰总统”号停靠在九龙，需要再转铁路。那时的中国护照也已经不能去香港，仅允许我们登岸。下船之后，左右有两排军警，我提着自己尚可以手提的行李上了火车。进入深圳后，服务员端来一碗放有一根香肠的热米饭款待我们，我顿时感到祖国的温暖之情。那时长期战乱的破坏随处可见，广州城破破烂烂，珠江大桥还横斜在珠江河道中间，让我深切地感受到了梁先生和林先生信中所言“百废待兴”的时代召唤。

阔别祖国两年，首先是学习，并得到祖国的多种欢迎，如曾被选为中华全国青年联合会的委员，出席在中南海召开的相关会议，受到毛主席、周总理等中央领导同志的接见；听到了一些令人欣慰的报告，欣赏了令人耳目一新的各种文艺节目；结识了后来长期联系的新朋友，如吴阶平（1917~2011）医生，我们开会时相邻而坐，他当时刚从朝鲜归来，在会上讲述了他在战地上完成的很多成功的手术。后来他对周总

1950 年，“克利夫兰总统”号留美返国同学合影

理最后时刻的医治，在筹划毛主席纪念堂时对遗体的处理意见，都令我印象深刻。正是有了这初次的结识，我们建立了终生的友谊，他对我的家人包括我自己的健康问题都给予关心，让我铭记于心。总之，我只能用 4 个字表达回国后的心情，就是“心花怒放”，怀着这样的心情，积极投入到新的工作之中。

1951 年上半年，侯仁之、我及程应铨被聘为北京市都市计划委员会顾问，每周开一次会，一般做情况报告，或由某人就某专题做发言，仅涉及一般的议论而已。当时各种建设需求日增，而总体规划原则久未能定。为了应付这一被动局面，北京市建设局成立了 3 个委员会，即城市总图委员会、交通委员会、园林委员会。这 3 个委员会在当时都比较活跃，吸收了当时北京市各方专家代表，我同时被 3 个委员会邀请参加，并协助系统筹办，赴各地调研，如曾约裴文中（1904~1982）先生带领大家去周口店、小西山等地考察。我因此得以参与到中华人民共和国的首都规划建设中。

1958 年，吴良镛、汪坦、胡允敬与同学们讨论国庆工程设计

保定规划

除了首都北京的规划建设，在中华人民共和国成立初期我所从事的规划工作中，保定市城市规划是我想特别讲一讲的。

1958 年建工部在青岛召开的城市规划会议，刘秀峰部长号召要在全国推行“快速规划”。我们响应形势与河北省建设厅联系，教师赵炳时、吴焕加、陈保荣和我分别带领一组学生在保定、石家庄、承德、邯郸、邢台及宣化等地试做快速规划。我因为保定来往北京较为方便，选择参与保定规划，另由朱自煊带一大队去山西进行规划。

保定在历史和地理上都具有重要的地位，自古即是“畿辅通衢之地”，是直隶总督署所在地，也一度是河北省的省会，而且地下水资源丰富，是一个有发展前途的城市。在我们开展规划工作时，保定旧城保存尚完整，也很繁荣，是居民的主要集中地。与此同时，京广铁路西部已经发展了一些大型工业企业，如印钞厂等。城市西部山区不仅地势险要，而且文化资源深厚，有狼牙山五壮士的故事，也有紫荆关等自古以来的雄关险隘。规划工作的任务之一是把旧城与跨过铁路即将发展的新区联结为一个整体。

保定工作是“大跃进”时代的产物。我参与过当时当地的“深翻土地”，据说这样产量可以翻番，也参观过河北省安国县（今安国市）药材集散中心平整土地建设“十里大道万亩田”等。回忆保定工作，特别令人怀念的是保定市长郝铁民，他为中央一系列指引所鼓舞，和我谈到毛主席文章推荐读康有为的《大同书》，已近深夜还到我们规划小组来，和我们畅谈他对保定规划的设想，并希望我们要把规划写成文本，因为如果市长换了人，也好继续实施。面对当时“大跃进”的形势，他感叹地说：“把几亿人民都忙起来，这是了不得的大时代。”但是，他是一个很有智慧的领导者，当时在“大跃进”的形势下，常有放“亩产万斤”的“卫星”，郝市长就说：“我不相信万斤，你想一万斤红薯堆在一起体积该有多大，还有没有土了？”他这一类的源自独立思考的话颇给人启发，但后来可能挨批了。

保定规划的成绩还要归结于我们的团队。我当时带领着清华大学的5位同学一起工作，分别是吴光祖、郑光中、吴宗德、韩琪、邹燕，对全区进行分析，对道路、绿地等都深入设计，对旧城保护、新区发展开展了全面规划。规划的方案也在不断调整中，开始新区的道路网是斜向的，后来尊重当地的意见改为正南正北，最终的结果还是比较好的，东西城有机联结，有广场、有新中心、有绿带，空间有序、疏密有致，

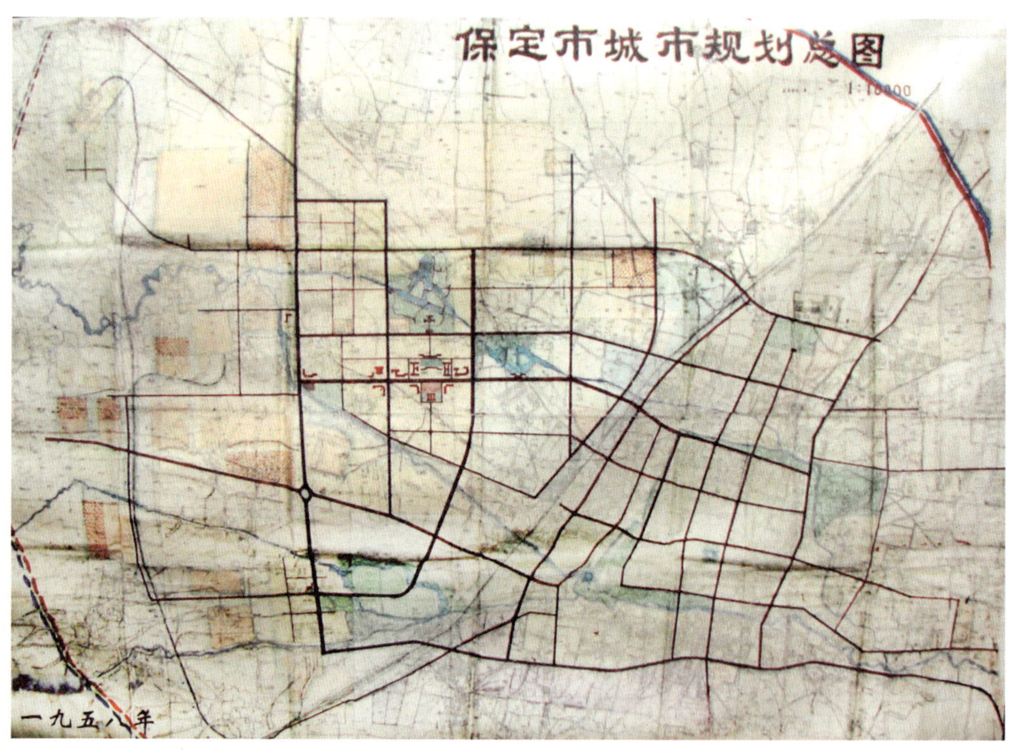

保定市城市规划总图（1958年）

慈阁的素描（1958 年绘）

形成了一个比较深入而实际的规划方案，并且对旧城的大慈阁、南大街、直隶总督署、一亩泉等处的特色保护也非常关注。

如果要对保定的工作进行自我评定，在我数十年的学术人生中，除北京外，参与了不少地方的规划，有的建议可能得到了一定的采纳，有些局部地段，如深圳中心区建筑群等处的设想基本上也得以实现，但一个中等城市的规划能够得以较完整付诸实践的，唯有保定，这一经验值得好好总结。可惜的是，当我正在对保定专区继续深入调研时，被仓促召回学校，整份资料由于涉及保密工作，按照规定存放在资料室，拟之后再觅时间继续做下去，可惜这份文件在“文化大革命”中被勒令处理，我非常心痛。

当时保定的工作之所以能付诸实施，既有郝市长亲自指导，也有当地的技术人员，如雍嘉晰（后任河北省建设委员会副主任）、李松欣（后任保定城乡建设局副局长）等人的密切配合参与，此后我与他们一直保持友谊往来。当时我在市政府的小食堂和市里的领导干部一起吃饭，吃饭时往往交流各方面信息，因此，我对保定的各方面情况都大体熟悉，工作充满了感情。正是由于这些良好的协同合作，规划思想得到了认同，即便是在嗣后的十年动乱中竟也得到了后续干部一定的实施。“文化大革命”之后我再访保定，有幸见到郝市长，他显得憔悴，已失去了当年的锐气，我猜想他在“文化大革命”中必然受到冲击。此后，我总想再去保定，重申旧谊，可惜不久他就去世了。我数次去保定都得到了热情的接待，与后任市长如田福庭等也多有交往，商讨工作。

保定规划的贡献在于，在“大跃进”的时代有这么一群人，在当时的思想鼓舞下，理智地把当时的规划设想落实在图纸上。这本是基于那个时代充满激情的构思，竟然被实现了。

参与长安街规划的反思

1960 年代我所从事的一项重要的工作就是长安街的规划。中华人民共和国成立之后，长安街规划与天安门广场改建是交相发展、互相促进的。当时，为了“五一”“十一”大游行等中华人民共和国成立初期大众的庆典活动，要拆 3 座门（中华门、长安左门、长安右门），因为游行队伍过门时国旗要低头，队伍分行凌乱，过门后再调整，非常不便。北京市政府下决心拆除，经北京市人民代表大会讨论通过后（据传梁思成参会而未鼓掌），工程队立即动工拆除。

为适应“十大建筑”的建设，有关决策者认为天安门广场太窄，决定加宽至 500 米。这个重大的变动使得人民大会堂的大会堂、宴会厅、全国人大常委会办公楼 3 幢建筑形成一体，国家大剧院的位置也确定了，并掘土动工。但由于随后的经济下滑、粮食困难，原有工程因为施工的缺陷纷纷下马，而把即将完成的民族文化宫等升格成“十大建筑”。

1964 年，经济形势逐渐好转，长安街规划再一次被提出来（在我记忆中是第四次），主持规划任务的北京市规划局并未提出特殊的先期目标要求等，有关设计单位如清华大学建筑设计研究院分头接到通知，被邀参加。

清华大学建筑设计研究院的方案有以下几个特点：一是在规划范围上东西向延伸至建国门、复兴门，天安门广场南延伸至珠市口，分段确定规划原则。二是结合北京市规划工作，对国外市中心区进行对比研究：华盛顿轴线、巴黎卢浮宫以至凯旋门广场轴线、伦敦行政中心以南直至绿地轴线（这一方面工作由程应铨总结成文字，郑光中做图解）。三是在建筑群设计方面，考虑主体建筑与附属建筑高低相结合，正对路

1964 年，向校领导汇报长安街规划

1964 年，长安街（天安门）规划设计小组合影

北的建筑广场与南部对应绿地相结合等。当然，这一切均停留在理念上。

清华大学建三班学生每人领一组建筑，按整体要求各自发挥创造。长安街规划除了在当时条件下粗浅地考虑某些功能要求外，还要在构图上考虑街道高低轮廓线的控制、沿街建筑之进退等。这一次规划有石膏模型，由模型室贾殿文师傅主持，最后研究生苏则民书写报告书并分发至各单位。

对这一规划方案，北京市的决策者未置可否。模型在“文化大革命”中遗失，存在系馆的报告书也全部丧失，仅在私人家中有一本留存。

如果追问这一规划对实践起了什么作用，毛主席逝世后，纪念堂匆忙被决定安放在天安门广场南，广场面临第二次扩建（当时我作为规划组执笔者），北京市规划局尚待恢复，资料不全，所幸有此次规划获得的大体完整资料作为参考，推动了当时纪念堂规划工作的进行。

唐山抗震救灾

1976 年 7 月 28 日，唐山发生 7.8 级地震，地震波及天津、北京。震后约一周，出于专业的责任感，我申请赴灾区参加救灾工作，获批准。我随清华大学第一批队伍赶去灾区，住在临时的工棚内，夜晚尸臭袭人。地震时唐山市规划局规划科科长赵振中被土埋了半个身，后被人挖了出来。我去受灾地区调研，我们戏称他为“出土文物”。由于找到了他，唐山市规划图纸、资料、文献才从土中逐一被挖掘出来，这为后来的工作带来莫大的便利。在这期间，余震未断，从东北调来的医务人员行至滦河桥上，恰逢余震造成桥坍塌，溺死在滦河中。唐山这样的中等城市，竟没有安全、系统的交通设施体系，震后对外联络的道路交通全部中断，竟至瘫痪！这是抗震救灾应该吸取的第一重要教训。随后，各地救灾队伍陆续到达，分别在机场简易棚帐内工作。建设部曹洪涛同志领队（包括周干峙在内），上海规划院一个技术人员齐全的队伍陆续到达，我即与他们协同工作，参与决策。

对唐山市规划的战略思考有一个变化的过程。当时有些规划工作者初投入工作，多纷纷建议向外搬迁，稍深入了解后就会认识到这种想法不现实。当时有地震专家论证，如此之大的地震，在震后相当时期内不会重演（当时推断为百年内），而城内的基础设施虽经严重破坏，逐步修复后仍可部分利用。特别是不同的工业企业，貌似遭到重大的破损，仍然保留有极大的财富，可以陆续对残余设施进行修复。故经深入勘察研究后，我们认为仍然应以唐山原址为基础，另发展两个新城：一个在丰润县（现并入区），另建新区；一个在东矿区，建中心点。我最初去丰润一带进行调研，与上海规划局铁路专家初步商定，找到与原交通枢纽衔接的可能性，提出建设丰润新区方案初稿，待建设部小组进一步调研商榷后被肯定，认为设想可行，并被采纳。

毛主席逝世消息传来，我们在震区深切哀悼，此后我即从唐山被调至北京从事毛主席纪念堂设计，唐山丰润规划工作由周干峙领导，进一步推进实施。大约两个多月后，我随中国建筑学会考察团重返唐山，发现我当时绘制的草图仍在周干峙的枕头下边。

唐山市震后街巷多被倾倒的房屋所覆盖，幸亏有偌大的凤凰山公园绿地供抗震棚栖身，这一点常为众多规划工作者乐道，即大中城市必须有宽阔之绿地，但时间一久，这一经验似又被人所忘记。我在1980年代去欧洲讲学，被邀在意大利安科纳(Ancona，亦地震城市）城市议会及英国剑桥大学对唐山地震做专题演讲时提到这一问题，这一案例引起了学术界的重视。

唐山地震后10周年、20周年、30周年的纪念会，我均被邀请参加，亲见一个几成废墟的城市震后快速恢复，从初步恢复其城市功能（第一个10年做到基础设施体系的初步改建运转。第一期街坊设计方案得到实施，以解决市区急迫的定居要求，并认为不必对建筑设计细节过分挑剔）；到茁壮成长再追求建筑艺术渐趋完美（第二个10年外观有显著改善，至第三个10年，南湖的建设已经美丽宜人）。我作为一个城市规划工作者，对在全国支援下，唐山人民所释放的内在生命力与拼搏精神所深深感动，受到激励。后来丰润新区终能完成建设，我数度前往工地，对此我情不能已。

此外，我的初中同学韦开荣时任四川某学院教授，回唐山探亲全家在地震中遇难，每念及此，令人心痛。

毛主席纪念堂规划设计

1976 年 9 月 9 日，毛主席逝世，全国人民都沉浸在极度的悲痛情绪中。我从唐山救灾前线调至毛主席纪念堂设计组。纪念堂建在何处？当时各种意见杂陈，包括景山方案、天安门广场方案、端门方案，我提议建在香山。时任北京市建委主任、设计组主持人赵鹏飞建议，各组在上述各地先做出具体的设计方案，再进行比较。为了争取时间，领导小组决定先在天安门广场与香山两地同时开展地质勘探，最后党中央决定纪念堂选址在天安门广场。我在纪念堂设计组中从事广场扩建设计。

今天我仍不时地反思毛主席纪念堂的建设问题。从建筑环境的角度而言，以香山最好。未建纪念堂之前，中华门原址到人民英雄纪念碑之间原有苍松成林，是当时天安门广场南部最好的一块美丽宜人的绿地。在此建设纪念堂后，松林没了，今天的纪念堂外陵园广场市民不能入内，很是可惜。另外，纪念堂总体体量偏大，从人民大会堂到毛主席纪念堂一带地下空间全部占用，地面亦无法再做绿化。

回忆我当时的工作，一是确定毛主席纪念堂的位置放在正阳门与人民英雄纪念碑之间；二是当时设计组对纪念堂采用的建材众说纷纭，我因曾经参与人民英雄纪念碑的建设过程知道采用青岛崂山花岗岩的来历，建议纪念堂与此一致，意见被采纳；三是当中央美术学院盛扬同志主持雕塑时，雕塑家意见也莫衷一是，我建议宜集中一些，最后形成“八字门墙”形，以突出纪念堂的北主入口；四是纪念堂的四周陵园，为了加强管理，当时部队的主事者坚持要加大门卫用房，后经各方商定劝其适当缩小，并争取得到谷牧副总理的批准，才定下来。

最后我完成了天安门南广场竣工图回校，前往医院看望赵鹏飞，他真情流露，忧心忡忡地问我："这座建筑以后会不会挨骂啊？"其实，不同的议论是有的，如纪念堂体量偏大、天安门广场绿地太少、地下空间占地太多以致广场的地下改建失去可能性等。纪念堂周围绿地宜开放，使广场吸纳更多人民群众。

回顾香山方案则有自己的特点，1949 年毛泽东曾经在香山寺一带指挥解放战争，这里环境开阔，轴线严谨，工程比在市中心简易、单纯，可分步进行。可惜当时决策基于群情，缺少科学的比较分析。

毛主席纪念堂仓促建设、天安门广场二次改建，嗣后国家博物馆、国家大剧院相继建设，对这一首都中心建筑群的讨论和纷争至今持续不断，期待未来能有共识或新解。

香山方案（吴良镛等）

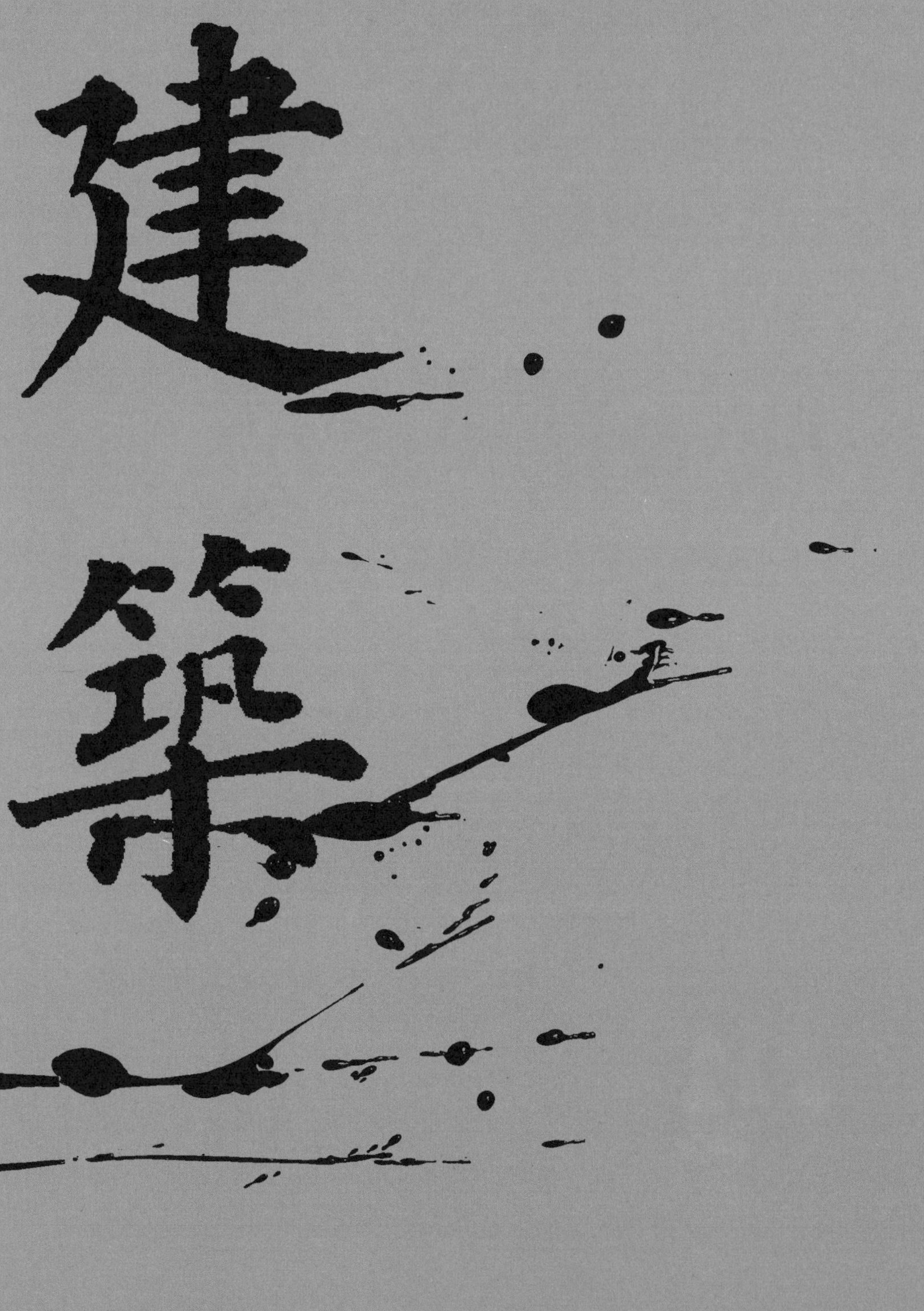
建築

第四章 建筑

国际建筑师协会历届的『宣言』多较短，约一页纸，中述切合时宜的某一重要观点或主张，而『宪章』是集中体现人们思考的庄严形式。1999年6月通过的《北京宪章》是国际建筑师协会到今天为止仅有的一份宪章。

《北京宪章》包含4个部分：第一，我们怎么认识时代？20世纪是一个『大发展』与『大破坏』，又面临着向21世纪『大转折』的时代。第二，直面新的挑战。我们面临着包括『大自然的报复』『混乱的城市化』『技术双刃剑』『建筑魂的失色』等复杂问题，需要对未来做出共同的选择。第三，对未来建筑学的探讨，走广义建筑学之路。将广义建筑学与人居环境的思想都明确地在《北京宪章》中提出，阐明建筑学的发展方向。第四，以中国哲学，如『一致百虑，殊途同归』来阐析世界问题。此外，我在建筑师大会的主旨报告中还体现出中心思想：完整建筑学的发展要跟和谐社会共同创造。

“一致百虑，殊途同归”

我于 1946 年秋来清华大学，当时醉恋学校卓越的学术环境，矢志将建筑教育作为终身之事业。半个多世纪以来，我坚信教学必须与科学研究、设计实践相结合。1983 年之前，由于大部分时间用于系务，虽然我尽可能不放弃规划设计实践的机会，但主持的项目不多。直至 1983 年从行政岗位退下来后，我才能专心致志地把精力集中在科研与创作上，不过得以贯彻始终的项目亦不多。尽管如此，教学、科研、设计实践三者相互促进，有助于深化对建筑学术的理解，对我来说受益匪浅。

时代需要“大科学”，也在孕育“大艺术”。建筑学正介于这两大门类中，我们应当多方面努力，提高建筑的科学性，反对忽视科学的种种不良现象。另外，我们还要提倡建筑艺术的创造，除了建筑科学艺术本身探索外，我还注意加强在绘画、雕塑、书法、文学、工艺美术等方面的欣赏与修养。

在上述探索中，我对建筑、园林、城市规划三者之相互交融渐渐自觉，但也有一个认识过程。

首先，从中国建筑史、园林史与城市史中，看到三者的联系与共同点，如中国城市在不同地理基础、历史等条件下，形成各自的格局，从中可以领悟到构成中国建筑、园林与城市设计的理念与方法等基础。其次，从近代建筑、园林、城市规划专业教育之发展中，可以看到三者之相互关系。再次，近些年来，通过对广义建筑学与人居环境科学等探索，进一步发现诸学科的内在联系。

基于以上的认识，在 1999 年国际建筑师协会第二十届世界建筑师大会时，我终于将它明确地写入国际建筑师协会的《北京宪章》中，并作为该会的正式文件获得通过。

不过，建筑、园林和城市规划的融合无论在理论上还在实践中，还大有发展余地。

清华大礼堂（1947 年绘）

《北京宪章》的诞生

1953 年，中国建筑学会初创，梁思成先生起到很大的作用。1955 年中国建筑学会加入了国际建筑师协会，成为中华人民共和国成立后最早被国际上认可的学术组织。学会成立初期，主要是探索中国建筑的道路，直到后来对梁思成建筑思想的批判，一度存在困惑。

1987 年，国际建筑师协会在爱尔兰首都都柏林召开常务理事会，决定更换国际建筑师协会亚澳区主席（同时也是国际建筑师协会副主席，原为澳大利亚人），执行局问我是否愿意接替。此前，这位澳大利亚同行就曾向我示意，我请示建设部常务副部长廉仲，他说“就是当裤子也支持”。最终，我以最多票数当选。在担任国际建筑师协会副主席期间，我参与协会的事务，接触面比较广，与希腊的 V. 斯古塔斯（V. Sgoutas，1999~2002 年任国际建筑师协会主席）就是在那时候认识的。后参与国际建筑师协会活动去过西欧、东南亚、澳洲、非洲、拉丁美洲及美洲的墨西哥等，这样对世界各地建筑渐渐有了综合的了解，这也奠定了后来提出“地区建筑学”的部分理论基础。再后来，建设部负责人周干峙、叶如棠等先后接替我在国际建筑师协会的职务，我就卸任了。

1996 年，国际建筑师协会授予我建筑评论与建筑教育奖（屈米奖），当时我在人居环境研究中心成立前左腿骨折，后经半年的诊治，尽管有些步履蹒跚，但已开始步行。6 月，我在庄惟敏同志的陪同下赴西班牙巴塞罗那，在国际建筑师协会第十九届世界建筑师大会上领取这一奖项。

此后，直到国际建筑师协会 1997 委任我为大会科学委员会主席，起草大会宣言，

1996 年，在西班牙巴塞罗那被国际建筑师协会授予建筑评论与建筑教育奖（屈米奖）

我才又参加了一段国际建筑师协会的工作。国际建筑师协会每 3 年召开一次大会，中国建筑学会经过若干届的争取终于在 1993 年获得了主办权。1999 年 6 月，国际建筑师协会在北京召开第二十届世界建筑师大会，因为正处世纪之交，此次会议主题定为“21 世纪的建筑学”。

无论从国际建筑史还是世纪之交建筑学发展的转折观点来看，这都是一次十分重要的会议。1997 年 4 月，国际建筑师协会执行局即将检查工作，由于种种原因，中国建筑学会才将拟任命我作为科学委员会主席负责筹备大会的意向告诉我，我对于接手与否十分犹豫。跳不跳这个“火坑”呢？因为当时时间已十分紧迫。犹豫再三，我想到毕竟由我们国家举办世界建筑师大会十分不容易，而我 1987~1991 年曾担任过国际建筑师协会副主席和亚澳区主席，对国际建筑师协会及世界建筑界还是比较熟悉的，因此最终还是决定“跳了”。在多年后的今天回忆起来，这个“跳火坑”的决定

1999 年，在北京第二十届世界建筑师大会与国际建筑师协会主席莎拉女士合影

还是正确的。

我正式接手科学委员会主席的工作是在 1997~1998 年，那时中国建筑学会筹备世界建筑师大会已经约半年了。我接手的第一件事是迎接时任国际建筑师协会主席莎拉女士为首的国际建筑师协会执行局来检查工作，时间是在我接手大会科学委员会主席仅一周之后。面对国际建筑师协会执行局的时候，我提出了一套设想，包括对会议日程的可能安排和科学议题的打算，表现得似乎比较胸有成竹，其实心中暗自打鼓，最后幸得国际建筑师协会充分认可。检查过后，当时中国建筑学会的一位工作人员就说："今天太感谢您了，把我们的困境解决了。"

执行局检查之后，在中国建筑学会理事长叶如棠的亲自督导下，我们积极着手筹备，明确科学委员会、中国建筑学会及建设部等各自的任务，同时还成立了大会的协调委员会、组织委员会、经济委员会。我作为科学委员会主席请毛其智任秘书长，商议邀请哪些人来做报告、安排会议日程、起草会议总报告等；相应的经费问题等，由当时的建设部与中国建筑学会负责。

首先，确定了两个主旨报告，一个是由美国学者哥伦比亚大学教授 K. 弗兰姆普敦（K. Frampton）做的《千年七题：一个不适时的宣言》，另一个是我做的《世纪之交展望建筑学的未来》。

在筹备会上安排会议各项议程时，我曾提出一个建议，就是既然会议在中国开，就应该让中国的建筑师包括青年建筑师能够从中多有收获，这个想法得到了叶如棠理事长的支持。首先，在安排大会做专题报告的时候，除了四位西方人士外，特意并行安排了四组中国青年学者的主旨报告，分别是清华大学的朱文一（后任清华大学建筑学院院长）、同济大学的吴志强（后任同济大学副校长）、东南大学的仲德崑（后任东南大学建筑系主任、深圳大学建筑学院院长）、天津大学的曾坚（后任天津大学建筑学院院长）。四位中国青年学者分别来自国内四所著名的建筑院校，当时都十分年轻，在如此大的舞台上做报告，对他们日后的成长也是有益的经历。其次，按照惯例，此次大会要安排国际大学生设计竞赛以及学者、嘉宾进行参观讲演，大会将设计竞赛评审任务与地点安排在西安建筑科技大学，同时让部分参会学者在西安建筑科技大学做讲演，并将学生交流安排在清华大学。再次，编辑《20 世纪世界建筑精品集锦》，由 K. 弗兰姆普敦与中国建筑学会张钦楠主编。这也是国际建筑师协会少有的大工程，依靠张钦楠卓越的才能和努力，得以及时出版。总之，在北京召开的第二十届世界建筑师大会，我们在急促筹备中付出了极大的努力，也得到了预想不到的效果和多数会员方的盛赞。

国际建筑师协会第二十届世界建筑师大会一项核心的文献工作是起草《北京宣言》。由于清华大学建筑与城市研究所酝酿成立期间，我们对国内外建筑发展理论做了积极的探索，在我参与了国际建筑师协会会务后，对世界建筑趋势比较自觉地加以关注，因此我们准备了相当多的资料素材（部分可见于《国际建协〈北京宪章〉——建筑学的未来》①）。在成文过程中不断精简、压缩，最终形成了提交大会讨论通过

① 吴良镛. 国际建协《北京宪章》——建筑学的未来，北京：清华大学出版社，2002.

在第二十届世界建筑师大会上做大会主旨报告

的版本。在大会召开前半年，国际建筑师协会执行局再一次来到北京审查工作，我将《北京宣言》草本交与参会学者评阅，大家一致认为切合当前问题、内容翔实、理论与实践探讨结合紧密。来自马来西亚的建筑师杨经文、大会主席莎拉、秘书长斯古塔斯等深加赞赏，认为甚至可以作为国际建筑师协会的“宪章”，而非一般“宣言”。

他们的提议得到了国际建筑师协会执行局的一致通过，因此从这次执行局会议开始，这一重要文件的定名就确定为“国际建协《北京宪章》”。1999 年 6 月，第二十届世界建筑师大会正式召开，国际建筑师协会主席莎拉主持，由我宣读《北京宪章（草案）》，宪章获得了与会代表的一致通过。这也是国际建筑师协会到今天为止仅有的一份宪章。

《北京宪章》包含 4 部分内容。第一，我们怎么认识时代？20 世纪是一个“大发展”与“大破坏”、又面临着向 21 世纪“大转折”的时代。第二，直面新的挑战。

《国际建协〈北京宪章〉——建筑学的未来》

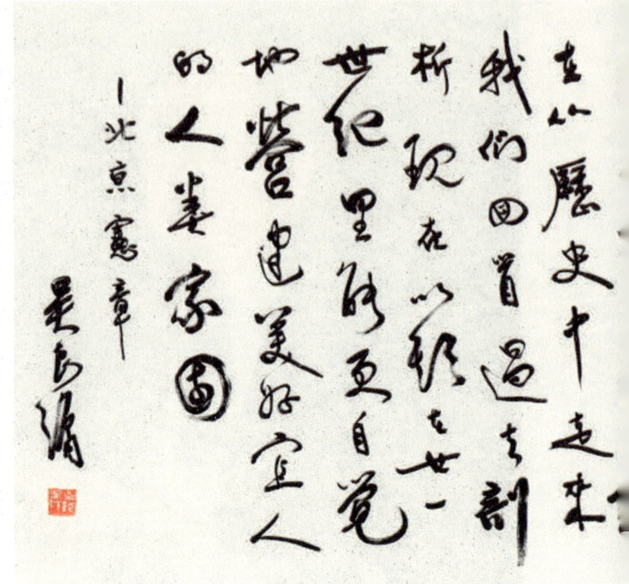

未来始于足下，现在从历史中走来。我们回首过去，剖析现在，以期在二十一世纪里能更自觉地营建美好宜人的人类家园。——《北京宪章》（1999 年）

我们面临着包括“大自然的报复”“混乱的城市化”“技术双刃剑”“建筑魂的失色”等复杂问题，需要对未来做出共同的选择。第三，对未来建筑学的探讨，走向广义建筑学。包括将建筑、地景、城市规划作为整体来看待，考虑建筑学的循环体系，植根于地方文化的多层次技术建构，和而不同的建筑文化，全社会的建筑学，全方位的建筑教育，广义建筑学的方法论等。这样就将广义建筑学与人居环境的思想都明确地在宪章中提出，阐明建筑学的发展方向。第四，以中国哲学如“一致百虑，殊途同归”① 来阐析世界问题。此外，我在大会的主旨报告中还体现出中心思想：完整建筑学的发展要跟和谐社会共同创造（这一中心思想在人居环境科学中不断发展，并且在后来

① 语出《周易·系辞下》，原文是“天下一致而百虑，同归而殊途”。

《云浮共识》[①] 中得到进一步推广）。

在会议结束后不久，当时的国际建筑师协会秘书长（后任主席）斯古塔斯先生和我谈起，希望我继《北京宪章》之后，将这一工作延续下去，在接下来的 3 年中对《北京宪章》提出的某些要点加以推动、贯彻，他建议将此行动命名为“北京之路”，我在他的建议下将这个设想作为下一届代表大会上中国建筑学会的提案并得到通过。此后我就未再参与国际建筑师协会的事务。

从人类发展的历程看，对未来的发展寄予期望的文件颇多，近代建筑事业的发展能作为纲领性文件的是 1933 年的《雅典宪章》，以及 44 年后的 1977 年在拉丁美洲印加文化遗址签署的《马丘比丘宪章》，再 22 年后的 1999 年在北京产生的《北京宪章》，《北京宪章》以 5 种语言发表，是迄今为止国际建筑百年来非常重要的宪章，可惜这一文献在国内建筑理论界未得到足够的重视。在全球风云变幻的今天，结合世界建筑发展的趋势，我希望对该文件再做一次历史评价。

最后我想补充一点，担任国际建筑师协会第二十届世界建筑师大会科学委员会主席，是临时加给我的任务，大会“宣言”（如前所述，后因肯定它的文化价值被更名为“宪章”）是一项重要任务，而为承办这次大会，研究所已难于再协调人力从事“宣言”的起草，于是我自己动手，请我一名地理学专业出身的博士研究生协助我执笔。每日清早我将前一晚我拟好的草稿交给他，傍晚他将加工之后的稿子交给我，夜晚我继续琢磨。有时彼此任务繁忙，常常通过门口的信箱交接稿件，这样直到定稿交结。会前得到执行局的审批，《北京宪章》被认为是国际建筑师协会第二十届世界建筑师大会的成就之一，其中诠释《建筑学的未来》等包含了建筑与城市研究所的学术进展。

① 2010 年，在广东云浮召开了集中讨论人居环境理论与实践的云浮会议。《云浮共识》是会议形成的共识性文件，具体包括四点共识和四条倡议。

建筑创作实践举隅

我为数有限的建筑创作实践多与文化遗产有关。如何与环境保持一致？我的原则是“积极保护、整体创造”，从文化遗产角度考虑建筑创作，并且根据城市设计的原则与周边环境整体协调，强调文化遗产的继承与创新。我所有的这些设计，只是在特定的文化环境上对其文化内涵的新的引申。我所策划的新建筑力求创造新的形式，因地制宜地结合功能需要进一步塑造环境的特色。在艺术上尽可能讲求绘画、雕刻、书法、园林诸多艺术门类与自然环境及建筑的结合，不断通过实践进而逐步形成自己的设计理念。

北京菊儿胡同新四合院

1978 年，我们思考北京在“文化大革命”后的规划如何做？我和朱自煊开始尝试对北京市的总体规划做探索，相关文章刊登在 1981 年的《建筑学报》上。文章中认为北京旧城是一个整体，需要从整体着眼加以保护；要根据现实情况分级分片组合，区别对待地加以保护与发展。当时我们注意到四合院，便以什刹海为案例进行深入研究。什刹海地区南部有很多整齐的宅院、胡同，那里每家宅院东西相距 10~20 米（这样可以在占用有限的街巷长度下形成较宽阔的居住空间），南北有好几进院落，进而每家就都有好几间南北向的房子，通风、日照都比较好，这是很典型的“大街—街坊—胡同—院落”模式，后我称之为“院落体系”。当时我就带领清华大学的研究生组成“什刹海规划小组”进一步研究，理解了“合院体系”的魅力后，就萌生了“新合院体系”的设想。

1980 年代，研究菊儿胡同改造方案

经过研究生刘燕等人的调研，我们发现了东城菊儿胡同的 41 号院，那里原为一个家庙，十分破旧，改建需求紧迫。当时 41 号院住了 44 户人家，但只有一个水龙头和街道公厕，人均住房面积只有 5 平方米左右，超过 80% 的地面覆盖了房子，只有近 20% 的院落空间，院落里还有两棵老树。很快，我们与东城区政府就把这个院子如何改建提上了工作日程。

菊儿胡同的设计时间为 1987~1991 年。当时对菊儿胡同 41 号院的设计十分用功。我指导了两组同学做这个工作，在层数上有突破，设计的四合院中有 2 层和 3 层，钱学森先生称之为“楼房四合院”，还专程来信祝贺。从标准四合院出发，先探索在 2 层和 3 层保证有合理的日照的情况下，追求可以达到最高密度的“标准的合院”，在设定南北向 3 层楼、东西两边 2 层楼之后，再计算冬至日时的日照条件，使底层的窗台上仍能照到太阳；楼房的四角安置楼梯，楼梯下方就做开敞布局，使院落间能够形成通风；还保留院子里原有的两棵古树，周边建筑都围绕这两棵古树布局。此外，在考虑多方面限制条件的基础之上，经过若干轮的探索，在有限的用地面积上安置了

在联合国总部受奖

世界人居奖奖杯

最多的住户，而且每家都有自己的厨房与厕所。这套标准四合院方案经过北京有关单位七八次审查，最终得到批准，形成了施工方案。菊儿胡同经改造最终建成后，造价控制在每平方米 500 元以内，单据至今我还保存着。

经过近一年的施工，第二年菊儿胡同建筑已经初具雏形了，深受多方赞赏，许多人认为菊儿胡同就是“古都新貌”。第一期工程完工后，取得多方面好评，旋即开始着手第二期改造工程。当时中央领导到现场参观，给予最高的肯定。

1993 年，菊儿胡同新四合院工程被英国建筑与社会住房基金会授予“世界人居奖”，该基金会邀请当届联合国大会主席 S. 因萨纳利（S. Insanally）于“世界人居日”在联合国大厦颁奖，这也是近代以来中国建筑作品首次在国际上获取的最高荣誉。世界人居奖对菊儿胡同新四合院工程的评价是：“开创了在北京城中心进行城市更新的一种新的途径，传统四合院住宅格局得到保留并加以改进，避免了全部拆除旧城内历史性衰败住宅，同样重要的是，这个工程还探索了一种历史城市中住宅建设集资和规划的新途径。”

北京的城市设计大至故宫宫廷广场，小到民居四合院，都是大小不一但俨然系列

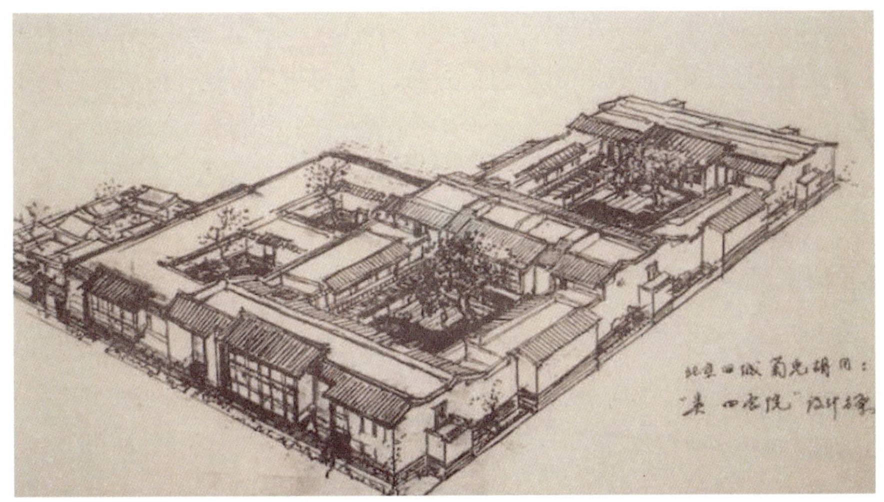

菊儿胡同设计图手稿（来源：中科院）

菊儿胡同新四合院鸟瞰图

的合院体系，再以大街、胡同为经纬，建筑物高低有致，形成严谨的城市肌理（urban fabric）。近代新建筑的安置，特别是住宅建设，每每破坏了这一传统的环境肌理。菊儿胡同住宅建筑群的试验，是建立在“有机更新”的历史城市发展理论上，对北京旧城内小规模改造的“类四合院”“新住宅体系”的一种尝试。

曲阜孔子研究院

孔子研究院坐落于孔子的家乡山东曲阜。曲阜城是一个历史文化名城，孔庙居中，旁有孔府，北面是孔林，即所谓的“三孔”。在城南的大成路（原来是一个“神道”）南800米处拟建孔子研究院。孔子研究院的基址北邻孔庙，东接新建成的“论语碑苑”，包括有5个部分：博物馆、图书馆、学术会堂、研究所和管理部门。这些建筑除了使用功能的要求外，在造型上要求它能代表中华文化，具有地区的个性。这是一组很特殊的文化建筑，有它特有的内涵。

孔子研究院规划设计时间从1996年开始，至2008年结束①。

● 总体布局的探求

孔子研究院的总体布局参考了“洛书”“河图”和“九宫格”等提出来的一些理念。“九宫”实际上就是一种中国上古宇宙图案或空间定位的图式。因为在曲阜有座尼山，据说是孔子出生的地方，故在基址西北布置“山”，此处象征尼山。基址南边河对面已经盖了一组比较高的政府大楼，我们借此堆一个土山，叫“案山”，多少可以遮挡一下高楼，也可以增加层次。这之间正好有水——小沂河，可以象征“九曲水”或“玉带水”。孔子研究院虽然处于城市环境之中，但是可以通过借鉴中国的空间布局传统，创造一个相对独立的自然环境。

● 建筑创作的构思

孔子研究院建筑创作的整个设计采取“高台明堂”的布局形式。构图用方和圆作

① 参与设计的有吴良镛、张杰、单军、卢连生等。

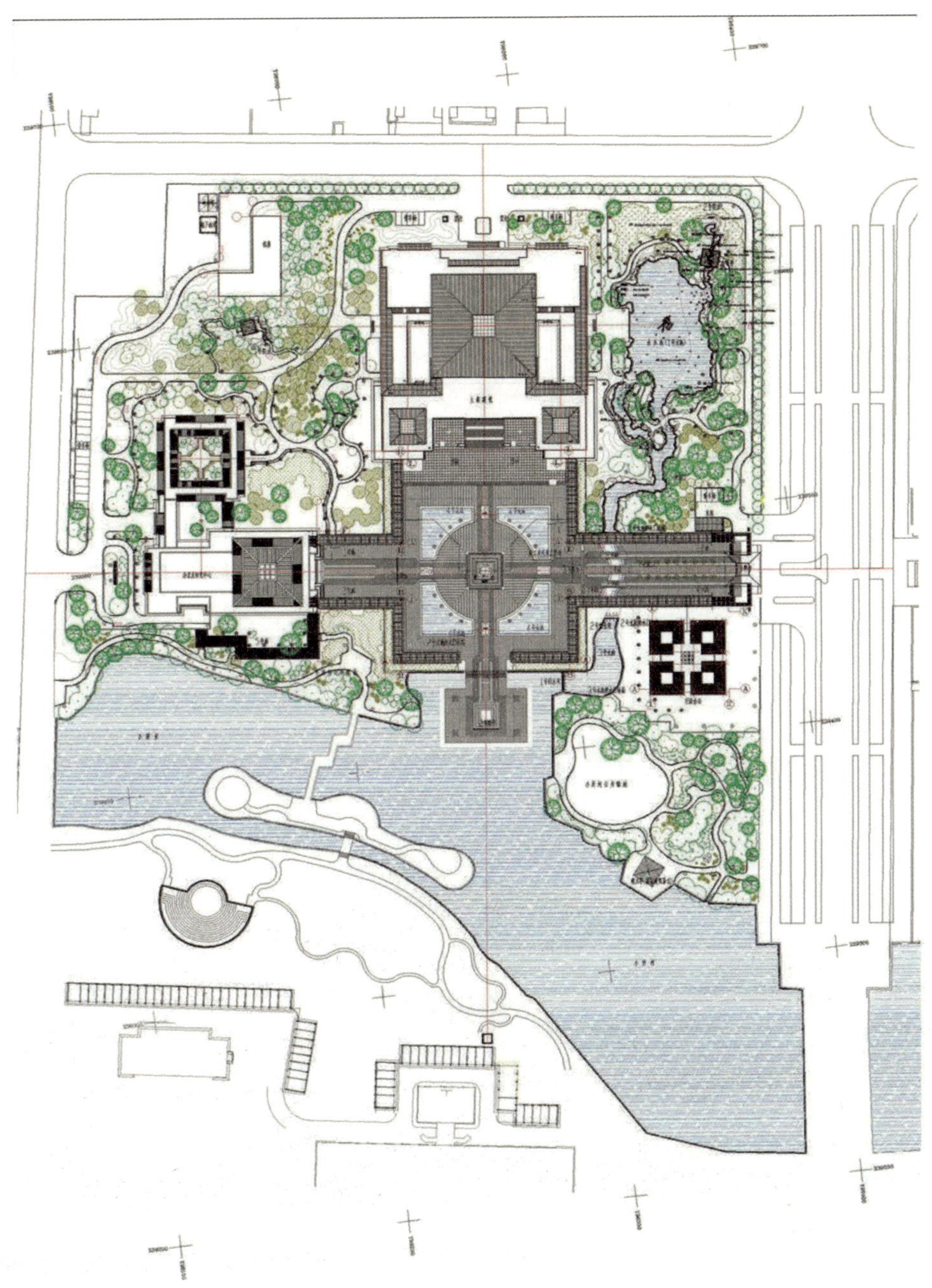

孔子研究院总平面图

为基本母题，不仅从抽象的形式出发，而且有它特定的内涵。广场正中的圆形平台采用“辟雍”的形式，“辟雍”是古代书院，这里是借鉴“辟雍”的建筑格局象征孔子研究院是当代的书院。

“辟雍”形式的平台有多种功能：演出时可做舞台；讲演时可做主席台。主体建筑的大台阶，也可以做主席台。在孔子文化节时，可做演出场所。台子上有旱喷泉，需要时可以喷水，水随台阶流入水池。四周设水池，16 根“玉琮”形的灯柱立于池中，并有喷泉相配。广场铺地的图案，根据考证，在《周礼·春官·大宗伯》中有“以玉作六器，以礼天地四方。以苍璧礼天，以黄琮礼地，以青圭礼东方，以赤璋礼南方，以白琥礼西方，以玄璜礼北方”，均有特定的含义。

战国时代有一个铜器，上面有一个房子的纹样，主体建筑建在高台之上（后证实为文献中的“高台榭”），可以说，这是目前仅存的与孔子同时期具体的建筑形象。古代高台有“礼贤下士”的意思（战国时燕昭王在易水河边筑了一个高台，放了千金在上面，表示“招贤纳士”）。因此，我们把主体建筑建在高台之上。台下做图书馆，

孔子研究院主体建筑

凤凰展翼雕塑草图与建成实景

从大台阶两边进去。上面 2、3 层做博物馆，从平台进入。2 层圆形的外墙用红色大理石砌成，上面用中、英、俄、法、日、西等 8 种文字嵌刻着《礼记》里面的一段文字。博物馆屋顶开了天窗，天光直接照到 2 层的中庭。这是一个气势宏大的空间，中庭的中间放孔子与学生的群像，在平台上极目四眺，视野很开阔。

在艺术造型方面，装饰纹样可以进一步赋予建筑的地方性和民俗性。如大屋顶的屋脊运用汉代凤凰展翼的图案，表现凤凰飞动之美。这组雕塑由张宝贵先生制作，是整个建筑的制高点，加强了建筑的个性。

中庭的雕塑是一组群像，群像设计题材典出《论语·先进·侍坐》。孔子和子路、冉有、曾皙、公西华等四个学生在一起，孔子问说各人的志向。曾皙说："莫春者，春服既成，冠者五六人，童子六七人，浴乎沂，风乎舞雩，咏而归。"这个题材我们请雕刻家钱绍武先生制作雕塑群像。群像中作为思想家、教育家的孔子气势非凡，弟子环坐，曾皙站立而言，孔子听言为之动容，严肃而有生活气息。群像背后有浮雕，构思是“山高水长”，意思是孔子的仁德是“直与天地万物上下同流”的气概。这组山水浮雕的创作由高冬教授主持，是用东阳木雕完成的。现在看来，无论木雕和雕塑的配合，还是构图、粗壮与细致的结合等，都很成功。

1990 年代，推敲孔子研究院建筑设计方案（左侧为妻子姚同珍）

环境与园林也是设计的一部分。古代书院建筑除部分在城市中外，不少建于山林之中，讲求“畅适人情”，有生活气息；又要有山有水，认为“山端正而出文才”“水清纯，涓涓不息则百川归海，无不可至”，也象征孔子“知者乐水，仁者乐山”。孔子研究院的园林设计就是根据上述思想而创作的。院东有“汇泽池”；院西北以山为主，象征孔子诞生地“尼山”，上立“仰止亭”，表达“高山仰止，景行行止”之意；院东南面临小沂河边建有亭子，拟取名“观川亭”，取意于孔子“逝者如斯夫，不舍昼夜”的话。

孔子研究院庭院一角

● 创作思想的体会

其一，“建筑是表现人们崇高的思想、热情、人性、信仰、宗教的结晶”（W. 格罗皮乌斯，W.Gropius）。在一些纪念性、

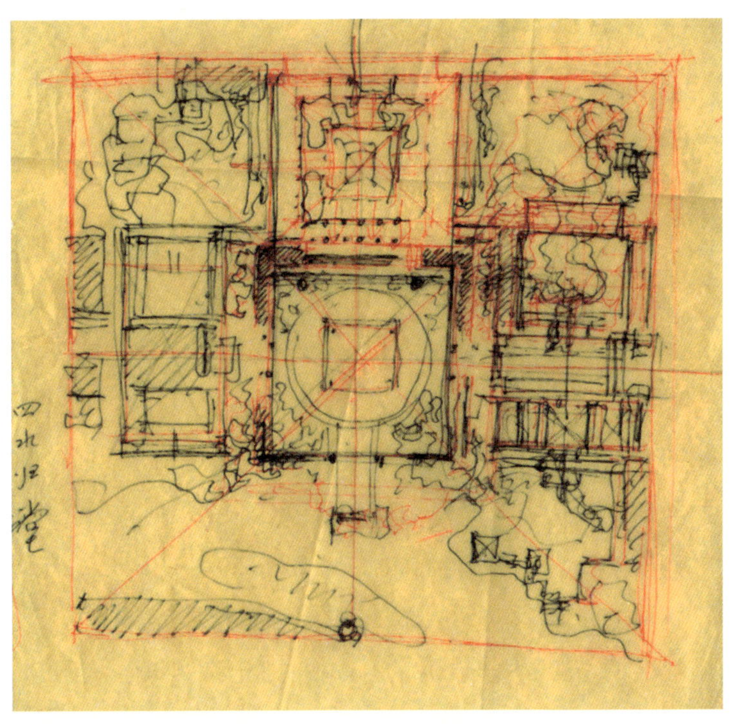

孔子研究院方案手稿

宗教性建筑中，瞻仰者身临其境，总会感到一种无名的气势，一种和谐、寂静的境界袭上心头，无以名之，曰“圣地感”。在孔子研究院的设计中，我们的创作追求一种“场所意境”——既要表现建筑美，又要表现自然美，将高尚的艺术文化内涵和时代精神、地方特色等结合起来，形成整体，创造一种“圣地感”(sacred space)——一种不同一般的环境，既不像孔庙等礼制建筑那么严肃，要有祥和的“书院”文化气氛，又能展现出孔子文化节游者欢聚之所，因名之曰“欢乐的圣地感”。

其二，在城市设计、建筑设计、装饰设计和园林设计中，寻找一个共同的母题（motif），融贯于所有的方面。这个母题就是孔子的美学思想，把它用现代人所能够理解的方式和手法来表达，也希望把它建成曲阜的一个新的标志性建筑，实际上它确实做到了。

其三，用隐喻的方式来表达中国的文化内涵。后现代主义也讲隐喻，但他们的隐喻是隐晦、新奇、难懂的，不求人们立刻了解。我们追求易懂，似曾相识，其中的典故一经了解，便感到意味深长，这是丰厚的中华传统文化所赋予的。

其四，发扬中国“画卷之美”。现在一般的建筑群是沿袭西方的设计思路，营造一种雕塑般的空间构图变化——“雕塑的美”。孔子研究院的设计希望体现东方传统建筑群的那种“画卷之美”。通过散点透视、抑扬顿挫、起承转合等表现手法，来体现山、水、树、石、亭、台、楼、阁、人物等的“画卷之美”。现在从大成桥特别是从小沂河对岸来看孔子研究院，可以欣赏到这种“画卷之美”。

其五，在西方建筑界有一个现象，就是在现代派影响下培养出来的建筑大师，像J. 斯特林（J. Stirling）、R. 文丘里（R. Venturi）等，当他们发现古典建筑之美时，就开始在作品中有所体现，这可从他们的一些重要作品中看出来。孔子研究院的设计目的在于挖掘中国传统文化精神，融合西方建筑理论，创造新的建筑文化。但需要说明的是，这是在特定的条件下引申出来的，并不要求一切建筑创作都应如此。

当前有一种现象：在一些特定的地点、性质上，需要反映中国文化、民族精神的建筑任务，现在却在所谓的“新潮”或“前卫”思想的影响下，避难就易，沦为平庸之作，这种现象值得重视！

北京中央美术学院

中央美术学院是具有悠久历史的艺术院校，原址在北京东城区王府井校尉胡同。因原地面积狭小，无法发展，1990 年代中期决定迁至北京城东北望京地区的南湖公园东侧。这个地方临近主要干道，占地 40 公顷，在其东北有一条宽 80 米的直通公园的绿地将此地段一分为二，分别为中央美院本部与美院附中。其中，中央美院包括行政办公部分、教学部分（图书馆、美术馆、专业教室、绘画系、雕塑系等，其中雕塑陈列馆兼素描教室）、宿舍和食堂等生活部分，以及运动场地、后勤服务部分等，另有青年教师公寓位于西北角。美院附中包括行政、教室、报告厅、图书馆、健身房及学生宿舍、食堂等。总建筑面积共计 8 万平方米。

中央美术学院的规划设计遇到一些难题：一是新院址所在原为一个废窑坑，最深处 30 米，临近建设时被作为建筑垃圾的新填充地，仅有东部沿街一狭长台地（宽 7~8 米），比较适宜进行建设，如何在这狭长地段紧凑布局，以节省地基的费用是必须考虑的；二是美院建筑有特殊的功能，如油画教室要有天然的采光，雕塑壁画教室要有高低不同的创作空间，这些都需要建筑朝正北方向，而宽 80 米的绿地又将地段斜切为二，从而带来布局的困难；等等。

中央美术学院新院区于 2001 年 10 月建成。我在设计中有两点体会：

● 限制与创造的矛盾统一

学院坐落于窑坑之上，因地段受自然条件及环境条件的种种约束，的确给设计工作带来了极大的困难。设计者对限制条件的理解和对如何克服这些限制的认识，是至关重要的，应作为确立创作的指导思想的第一步。

创造是多层次、多样化的，而在创造过程中人类要付出大量的思想劳动这是无疑的，限制可以激发人们在设计过程中进行更多的、更深层次的思考，为迸发创造火花提供了更大的机会。所以说，限制是创造的催化剂，创造并非是一种没有束缚的任意自由的产物。正如老沙里宁所说的："想象力并不是任意地摆弄观念、思想和形式——但它在发挥自己的作用时，也应当有活动的自由，它必须摆脱各种规划和教条的束缚，但要奠定基本原则……""建筑的价值并不在于丰富的想象力，艺术的价值在于如何驾驭想象力"。闻一多先生在诗论中，谈到诗词是要讲求格律的，这似乎也是一种束缚，但诗人必须"戴着脚镣跳舞"，而在一些历史名城的建筑创作中建筑师不都戴着共同的"脚镣"吗？但这些建筑展现的"舞蹈"却千姿百态，有各自的表现力。由此可见，限制可以诱发创造，创造也可因限制而被激发。

基于以上认识，设计者坚信，学院的设计创作先要越过艰难的设计条件，认清必然，发挥创造，就能取得创作自由，就能取得独特的成果，结论是首先在整体布局上下功夫。具体途径是：力求城市设计、建筑设计、园林设计相互结合，建筑群相连成片，面向公园洼地，进而使面向街道的建筑群、面向公园的建筑群，以及面向宽80米的绿地建筑群都有良好的外部景观。建筑要高低错落，统一中有变化；色彩要采用灰面砖，既承袭传统北京城的色泽，又与周围建筑光怪陆离的色彩有所区别。因为是学校建筑，是学习场所，因此要力求简洁朴素，特别是室内要求实用大方。规划中就要考虑为今后发展留有余地，采用灵活的组合，以利有机生长。

中央美院规划设计方案构思草稿

● 艺术性与科学性的交织

建筑是科学与艺术结合的产物，具有文化性质的建筑物对艺术性、科学性的要求注定更高一些。在中央美院设计的过程中，我们是注意到这一点的。例如，要从可以支配进行建设的用地上建设一定数量有天光的教室，经多个方案比较后，就只能把建筑群铺开，进行院落式的布局；要在如此密集的建筑群中，做到内外交通路线的流畅并强调其整体性，实践中是将整个建筑群当作“一栋房子”来设计，从而使建筑物之间能对应、对话，每幢建筑力求有其个性。

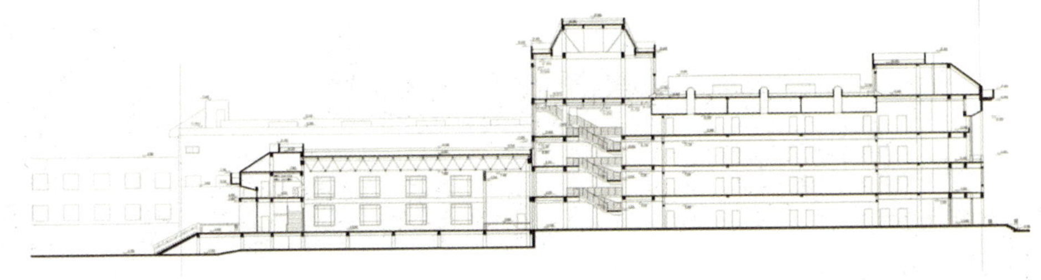

教学主楼剖面

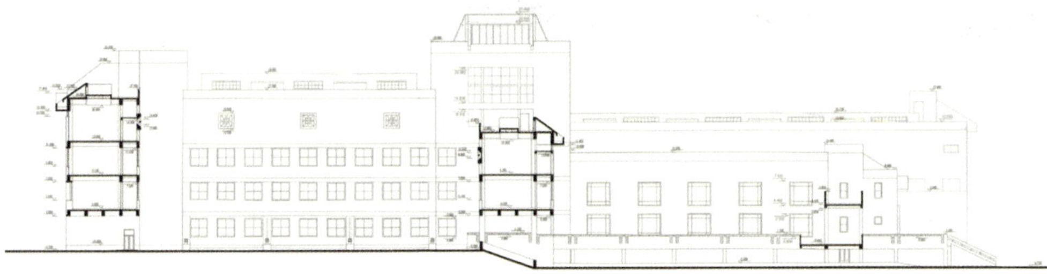

内院剖面

中央美院大石膏教室及天光画室鸟瞰

教学楼外景

大石膏教室室内

中央美院近景

在规划布局上，借鉴西方学院建筑的滥觞——修道院的“空庭”（court）和中国四合院的格局，解决内外空间的结合和内部使用功能特殊性问题。其中，各种各样的内庭、庭院内植物栽培、小建筑，以及雕刻、坐凳的安置可以作为师生室外公共空间，且随未来生活的需要而增添。内外空间都富有不同的文化内涵。在设计过程中，原希望学院校舍群与公园统一设计的，在窑坑四周填土，中央留有一点水面，则建筑群就像新月一般弯向水面，而坡度由高渐低，通过绿地逐渐与水面相结合。可惜这一点未能实现，因为公园属于另一单位，设计施工过程未能协调好，过多的建筑垃圾不断被倒入坑内，最后竟成一小山。原规划是建筑群水平铺开面向湖水，现在竟成“开门见山”，事与愿违，令设计者啼笑皆非，终成遗憾。

南京江宁织造博物馆——南京城北的“都市盆景”

江宁织造博物馆在筹备期叫金陵红楼梦文化博物苑，涉及江宁织造府、曹雪芹、《红楼梦》等诸多方面的内容。早在六朝时，南京的前身建康（三国吴名建业）城就以丝绸驰名于外，后来出现了政府主管经营的机构——织造府（署）。清康熙二年（1663年），位于南京的江宁织造府（署）开始由曹家主管。据考，康熙六次南巡，曾四次驻跸曹家，于是演绎了一系列传奇性故事。

江宁织造博物馆一景

江宁织造博物馆工程设计时间是 2003 年至 2009 年。这项工程所在位置正是南京这座世界名城、六朝建康的核心地段，且据考证位于原江宁织造府的西花园位置。对设计师而言，这些条件不可谓不优厚。但是，各种复杂性和偶然性也接踵而至。由于历史变迁，如按照有些红学家的主张复原织造府已无可能，也无意义。与此同时，《红楼梦》是一部涉及很多方面的文学巨著，对《红楼梦》的研究，学界也有不同的观点，包括曹雪芹的生平年代等都是其说不一，对于博物馆建设又各有见解。此外，此项目虽凝聚了多方人士的愿望，但很长时间内一直没有明确的任务书、明确的甲方，政府、投资人和红学家对项目的多方意见也未能达成共识。因此，在这座博物馆的设计中所遇到的难题是始料未及的。这是一个不同一般的任务，某些方面甚至要由设计者自行做出对任务的判断，难免遗憾多多。

在整个设计过程中，设计团队经过了反复的讨论与方案比较，提出了“两种模式”和“三个世界”的设计理念。所谓“两种模式”即现代外壳、传统内核的“核桃模式”和将自然园林架于建筑托盘之上的“盆景模式”。最终的方案是这两种模式的融合，以南京自然之山水为背景，整个建筑形成这个

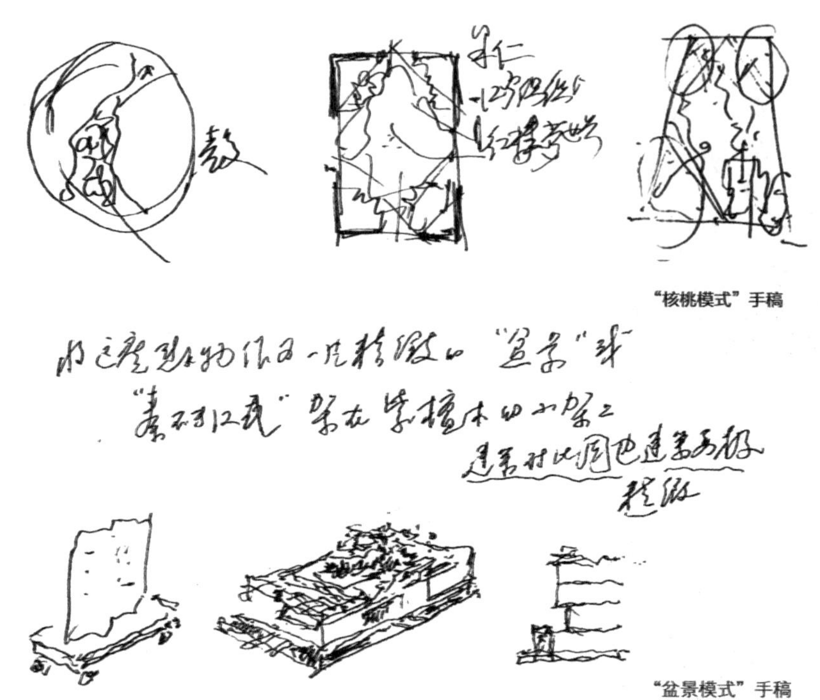

江宁织造博物馆设计时的手稿

大山水格局下的“都市盆景”。主体建筑采用现代风格，比拟托盘，将传统园林层层叠叠立于其上，形成立轴山水之盆景，这也是红楼梦文化的缩影。

主体建筑本身也是一容器，其核心部分是围绕下沉庭院中曹雪芹雕像而展开的南京康乾盛世图卷。这两种模式的融合围绕着余冠英先生提出的“历史世界、艺术世界再加上建筑世界”即“三个世界”的整体创造，希望能够塑造这座建筑的独特意境，并显现出南京历史文化中心特有的艺术特色。

如今，回顾南京江宁织造博物馆工程，从接受任务到任务研究和模式探讨，经过四轮方案投石问路汇成最终方案，并得到多次专家会议认可，经批准后开工建设，得到今日之结果，其中颇费周折，实属不易。这座博物馆，占地面积 1.8 万平方米，建筑面积达到 3.7 万平方米，却没有像其相邻建筑那样，以硕大的体量或高耸的形式

宗白华先生言，一切艺术综合于建筑，而礼乐诗歌舞剧之表演，亦与建筑背景协调成为一片美的生活，所以每一文化的强盛时代莫不有伟大的建筑计划以容纳和表现这一丰富之生命。先生此言发自半个多世纪以前，今日我们更应致力于这一和谐的美的世界早日来临。

——为《中国建筑设计作品年鉴》书（2012 年）

挤压城市空间，反而为繁华的都市平添了一处绿色“盆景”。博物馆从内容到形式都是立足于南京当地的历史地理条件，以地方固有的文化内涵作为创作之契机，旨在既切合主题、展现人文、适应人情、当新则新（如运用钢结构、现代表皮技术，并采用照明技术来表现云锦装裱等手法）；又不怕被人讥为“泥古”（如对待西园、大观园、织造府这样的历史点题，又何必忌用历史建筑的符号），其风格所尚，是在采用现代建筑的意蕴之上，运用历史主义的手法，传递地域主义的话语。在这全球化、跨文化的大时代，国际建筑师纷纷到我们东方来参与献计献策，作为历史文化名城的南京，我们为什么不能够尝试运用一点新时代的、中国的、具有地方与历史主义的元素，再结合博物馆展览的实际功能需要（西方现代建筑理念），通过这种前所未有的新模式，来创造这一国际化的跨文化的形象呢?

建筑创作：探索和体会

在现代建设发展中，规模和视野日益扩大，专业的门类也在增加，建设周期一般缩短，这为建筑师视建筑、地景和城市规划于一体提出了更加切实的要求，也带来更大的机遇。这三者的融合使设计者有可能从区域的视野、城市的视野、生态环境的视野，以及从更广泛的范围内进行建筑设计研究，这有助于整体概念的形成，触类旁通，释放更大的创造力。具体说来包括如下内容。

在规划设计上，宏观与微观相结合。将大尺度的自然山水以至无垠的宏观宇宙与微观建筑群的构图结合起来。如“人工建筑”（architecture of man）与“自然建筑”（architecture of nature）的结合，将山、水、植物、建筑等诸多要素做整体处理。在形式创造上，规整与自由相结合。在空间布局上，虚与实、疏与密相结合，既有“法度”，又巧于“变法”。关注建筑的演变，分析研究建筑的“原型（prototype）”并探索可能的新的“范式”。

● 全球化视角下的地域文化与地区建筑

全球化是一个尚在争议的话题，随着科学技术的发展、交通传媒的进步，全球经济一体化的到来，从积极的意义来说，可以促进文化交流，给地域文化发展以新的内容、新的启示、新的机遇。地域文化与世界文化的沟通，也可以对世界文化发展有所贡献。[①] 但是，事实上全球化的发展与所在地的文化和经济往往脱节。技术和生产方式的全球化带来了人与传统地域空间的分离；地域文化的多样性和特色逐渐衰微，甚至消失；

① 〔德〕赖纳·特茨拉夫．吴志成，韦幼苏，陈宗显，等译．全球化压力下的世界文化．南昌：江西人民出版社，2001.

城市和建筑物的标准化和商品化致使建筑文化和城市文化出现趋同现象和特色危机。

面临席卷而来的“强势”文化，处于“弱势”的地域文化如果缺乏内在的活力，没有明确的发展方向和自强意识，没有自觉的保护与发展，就会显得被动，有可能丧失自我的创造力与竞争力，淹没在世界“文化趋同”的大潮中。全球化进程中，我们在学习吸取先进的科学技术、创造全球优秀文化的同时，更要对本土文化有一种文化自觉的意识、文化自尊的态度、文化自强的精神。

文化是有地域性的，中国城市生长于特定的地域中，或者说处于不同的地域文化的哺育之中。越来越多的考古发掘成果证明，历史久远的中华文化实际上是多种聚落的“镶嵌”，如就全中华而言，亦可称为各种亚文化的“镶嵌”，如河姆渡文化、良渚文化、龙山文化、二里头文化、三星堆文化、巴蜀文化等，地域文化发掘连绵不断。地域文化是人们生活在特定的地理环境和历史条件下，世代耕耘经营、创造、演变的结果。一方水土养一方人，每个地域形成了独具特色的地域文化；各具特色的地域文化相互交融、相互影响，共同组合出色彩斑斓的中华文化空间的万花筒式图景。

文化不但是历史的积淀，存留于城市和建筑中，融合在人们的生活中，对城市的建造、市民的观念和行为也起着无形的影响，是城市和建筑之魂。20 世纪 50 年代初，梁思成先生提倡民族形式，我在建筑理论上受其影响。经过近 20~30 年的思考与感悟，我认为更应该强调建筑的地域性。

多年来，我提倡地区建筑的理论与实践也是建立在有地域文化研究的根基上。前人云“十步之内必有芳草”，地域文化有待我们发掘、学习、光大，当然这里指的地域文化内涵较为广泛，从建筑到城市，从人工建筑文化到山水文化，从文态到生态的综合内容。例如，中国的山水文化有了不起的蕴藏，中国的名山文化有基于不同哲理的审美精神，并与传统诗画中的意境美相结合，别有天地，在我们对西方园林、景观领域有所浏览之后，再对中国山水园林下一番功夫，当更能领略天地之大美。

必须说明的是，地域文化本身是一潭活水，而不是一成不变的。有学者谓全球文化为“杂合”文化（Hybridization）[1]，地域文化本身也具有“杂合”性质，不能简单理解为纯之又纯，随着时代的发展，地域文化也要发展变化；另外，随着本土文化的积淀，它又在新形式的创造与构成中发挥一定的影响。

建筑学是地区的产物，建筑形式的意义来源于地方文脉，并解释着地方文脉。但是，这并不意味着地区建筑学只是地区历史的产物。恰恰相反，地区建筑学更与地区的未来相连。我们专业的深远意义就在于运用专业知识，以创造性的设计联系历史和将来，使多种取向中并未成型的选择更接近地方社会。

以上想法在《北京宣言》中也有体现：“不同国度和地区之间的经验交流，不应简单地认为是一种预备好的解决方法的转让，而是激发地方想象力的一种手段”“现代建筑的地区化，乡土建筑的现代化，殊途同归，推动世界和地区的进步与丰富多彩”。

● 建筑创作的体会

总体而言，我的建筑创作体会是：

第一，从城市设计出发，以结合自然为基础，进行建筑群的组合，进而分为若干部分，审慎地组织建筑与建筑群体之间的公共空间部分（public space）。

第二，在现代规划设计中，根据不同的内容，恰如其分地运用和发展古代模式理念。例如，运用合院体系、“九宫”图式及西方院落体系，以及园林格局等作为原型，加以现代化的构思，巧为应变。

总的说来，以城市规划的原则明确城市设计的思路，以城市设计的观念来指导建筑设计，在建筑设计的基础上推进、充实城市设计，以保护自然、利用自然、妙造自然的园林设计组织生态空间，刻画表现出时代精神与人文内涵，如此反复。这是我在探索中的整体创作观。

第三，建筑当随时代，这是毋庸置疑的，我们可以从多种途径发挥创造，例如，从科学技术、生态环境、节能、节约等角度，达到各种目的，但要了解到建筑也是

① 梁展．全球化话语．上海：上海三联书店，2002.

一种文化创造。作为一位中国建筑师，我深信，中国拥有深厚的建筑、风景园林和城市的文化传统，以及丰富的东方哲学思维与美学精神，如何能运用现代的设计理念和技术条件，吸取多元的文化内涵，探索新的形式，创造优美的生活环境，这可能是寻找失去的美学精神，避免世界文化趋同，促进当今城乡环境丰富多彩的途径之一。

20 世纪以来，中国建筑师对此做出了不懈的努力，有着历史的功绩，也走过了曲折的道路。如今，事实越加明确，如果仅仅从个体建筑、仅仅盲目抄袭西方或仅仅从古代建筑形式论形式，已经难以取得大的进展和突破，我们的思路必须宽阔，方法必须创新。而如此大规模的全面建设，多方面研究成果的渗透，说明对创作观展拓的客观条件已经具备。当然，这条道路是艰难的，我本人的尝试有成功也有失败，有欢乐也有沮丧，这些都微不足道，但我深信我们从事的中国城市建设与建筑专业是有着光辉前途的，它必将成为新世纪世界建筑的璀璨篇章。

規劃

第五章

规划

2019年2月5日，北京市在城市总体规划批准后，召开庆祝会，我在大会上致辞。『一则以喜』『继则以思』，下一步如何做？什么是『新的问题的开始』？现在不好说。规划实施的过程，是对规划进一步发展、深化、调节的过程，是一个动态发展的过程。

“一个规划的诞生，
是另一方面新的问题的开始”

城市规划教学的点滴体会

1943 年我大学三年级的时候，曾听两位老师讲关于城市规划的课程，一位是鲍鼎老师，另一位是朱皆平老师，他们各在建筑系和土木系开设了讲座，我对城市规划的最初认识即源于他们的教诲。1945 年，我在随梁思成先生工作时，他正在读 G.E. 沙里宁的《城市：它的发展、衰败与未来》一书，1946 年我来清华大学工作，才有缘阅读沙里宁此书，很有收获，这期间还陆续地阅读到其他一些城市经典书籍。1948 年我前往美国就读于沙里宁的门下，他对学生的专业指导、丰富的工作经历及对学术的精辟见解，对我启发很大。同时，我还在如饥似渴地阅读城市规划方面的理论书籍，包括 L. 芒福德的《城市文化》(*The culture of Cities*) 等。沙里宁提醒我说多读书是好的，但书的作者难免有他自身的局限性，所以要学会思考，强调思想方法。我第一次听到这种提法，印象很深。此外，在美期间的参观考察、与一些有识之士的接触等，对我日后的治学多有裨益。不过，比较系统的思考，还是通过论文写作和案例实践，才得到更多的锻炼。

1950 年底我回国之后，第二年就在清华大学开设《城市规划概论》课程，有些仓促。当时已经强调学习苏联了，我不谙俄文，通过程应铨等人翻译的一些苏联资料，读到“公共卫生学”中有城市规划部分的专论，发现苏联的城市规划体系和西方国家很不一样。英美并没有什么法定通用的教材，一些名著的重点放在对现实的批判与规划理念的思考上，如对良好居住的追求、对理想城市的探索等，各家之说，并无定论；而苏联学科体系似乎较为完整，当时读到的资料及后来听到苏联专家的讲学内容，感觉仿佛是一个模子中出来的，体系相似。当然也有新的内容，如对人口的分析，包括

1956 年，与学生在颐和园

基本人口、劳动人口、被抚养人口等，初读之，感到很新鲜；但久之，对自己来说，这种体系，就显教条化了，后来渐悉苏联城市设计手法大体也是一套路子。所以我在讲这门课时，便努力糅合这两种体系，尝试进行综合的讲解。

讲好《城市规划概论》这门课有一定的困难。尽管七八年前我也学习过城市规划，但对城市复杂的现象和问题，还是缺少生活体验的，而且年轻学生对城市更缺少感性认识，所以讲课效果并不好。例如，对工业区规划的内容，我着实花费了不少力气备课，如对几种工业体系，冶炼、铸造、轻工业等各种生产过程、工业厂房的要求、特殊生产环境的需求等，每次都做参观考察，但是教学效果仍然难以令学生满意。我还参观过苏联援助的工业项目，曾去了东北齐齐哈尔的富拉尔基，严冬之际，白雪皑皑，几乎毫无收获。毫不讳言地说，这门课程还是很难讲的，因为无论对教师还是对学生来说，很多抽象的东西都很难有切实的体会。

1958 年，由于“大跃进”的开展，当时的城市规划教研组教师带领学生到河北、山西等地参与了一些具体的规划工作，学习与形式倒是生动活泼多了。我所领导的小组修订了保定城市规划总图，当时的市长很投入，学生们工作也很有激情，其成果也得到了实践（保定新区基本按规划实施）。因此体会到这门课程一定要和具体的规划设计工作结合起来，包括后来小城镇规划和人民公社的设计，尽管并未实现，也从中受益匪浅。

除了这些以外，我还参加了国家组织召开的一些城市规划会议，其中对政策的讲解、正反例子的讨论等都非常有助于增进我对城市规划的认识，亦感觉这门学问的教学不能照本宣科，搬弄教条，而是要理论和实践相结合，才会生动和活泼。

当时我上课只能给学生介绍参考资料，并没有完整的教材。直到 1959 年国庆节之后不久，中央书记处整顿教学秩序，并且通令要编写教材。当时建工部教材司主管此事，我作为建筑学教材委员会的委员，还作为清华大学建筑系的教学行政工作的负责人，自然把抓教材当作大事，从事建筑设计、设计原理、建筑画的教材编写。

在这过程中，关于城市规划的教材，主管教材的部门一定要我编写， 但当时学校领导因其“政策性很强”，坚决不同意我接受这一任务，后来建工部决定由几个学校共同编写，包括清华大学、同济大学、南京工学院（今东南大学）、重庆建筑工程学院（今重庆大学），四校分头编写，历经多次讨论核对，反复改写才最终定稿，后来总算得到批准付印。编选教材的这段初创历史，算是翻过去了，不过对于研究中华人民共和国成立后中国城市规划学术发展来说，它还是有时代意义的。此事在下一节将有详述。至于“文化大革命”以后教材的编写，由于清华大学在工宣队主管的时候，不知道怎么来的那股“规划无用论”，强烈反对恢复城市规划专业，所以“文化大革命”后城市规划教材的编写清华大学就没有参加了。

最近几十年，由于世界城市化进程不断地加速和深化，值得注意的是城市规划的著述也越来越多。20 世纪 80 年代康奈尔大学的教授曾对我说，在四五十年代一年才会出现一两本好的著作，现在几乎每天就有一两本新书产生。话虽如此说，但还以规划理念的书居多。例如 1940 年代末，《城市模式：城市规划和设计》（*The Urban Patterns: City Planning and Design*）属于教材性质的代表书籍之一，几十年来不断修订，多达 5 版， 而新出的教科书并不是很多。P. 霍尔（P. Hall）的《城市与区域规划》，可以说是教材，也可以说是著作。主持伦敦规划的 S. 阿伯克隆比（S. Abercrombie），颇负盛名，他有一本早期的城市规划书，我到美国国会图书馆才找到，却很一般。时代使然，事物变化了，社会发展了，此类书有其历史意义，不能求全责备，只有做些比较研究，才能看到规划理念的不断发展。

还有一个值得注意的现象，近些年在美国出版了很多选读或者选编之类的文献，例如《城市研究》（*The City Reader*）已经发行了 3 版。对于一些著述等身的大师，不知从何阅读起，如 L. 芒福德、M. 卡斯泰尔就有专门选本问世。从著名作者的经典著作中，筛选一些重要的篇章，好让学生读遴选过的原著，提高阅读和思考能力，我认为这倒是一个好方法，效果可能要比由编者消化后再传播给学生要好一些。虽然学生初读起来可能要费点功夫，但对他们的理解力、分析力和创造力的提高，效果可能会更理想。

联系到研究生的教学， 国外一些学校有些著名教授一两周要让学生阅读相当数量的原著并认真写作读书报告， 这也是一种提高学生总结、分析、判断能力的行之有效的方法。再联系到城市规划人才的培养， 我想到葡萄牙建筑师 A. 西扎（A. Siza）说过的一段话：

我们认为建筑师是无专业的专业人员。建筑包含着如此多的元素，如此多的技术及如此不同的问题，以致我们不可能掌握所有必要的知识。真正需要的是结合不同的元素和学科的能力。因为建筑师具有广阔的视野，不受具体知识的限制，他们能够把不同的因素联系起来并保持非专业化的综合能力。从这个角度来说，建筑师是无知的，但是他可以和许多人一起工作，并将大量的具体问题综合起来。这些技能是只有通过

给学生评图

经验才能获得的，有了这些技能，我们就能对付伴随每一个项目而来的新问题。

我是非常欣赏这段话的。城市规划，比起建筑来说，涉及的学科就更难限定了，越来越向多学科、交叉学科、跨学科发展，因此我一直强调多学科的融贯研究。多了一门专业积累，就等于多了一个观察城市的视角，而只有具备了相关专业的综合基础，才有可能对城市做出比较全面的认识和思考，这从认识论的角度来说，是自有道理的。无论城市规划的教学还是城市研究的开展，就规划工作本身来说，核心之点在于综合的整体的思想。这句话说起来似乎很简单，实际上需要较长时期的认识过程和知识与经验的积累， 以及哲学、方法论的自觉锻炼，在这里也仅能点明为止了。

以上只是我对城市规划这门概论教学和教材不一定成熟的看法。写到这里，就必须要声明，我前面所说的种种想法，主要供城市规划学人对中华人民共和国成立以后城市规划学科的发展和教材的编写有所了解和参考，并不是说不需要写教科书。《城乡规划》的编写，特别是对本科生应该是很有意义的，它有助于向初学者介绍一个较为完整的概念，培育他们的专业兴趣、启发他们的思想，促使他们进一步阅读原著并有志于从事这一专业的发展， 是学习城市规划重要的入门途径之一，所以我更感教材编写的任务之重和要求之高。教材应当作为学术著作认真来写，有历史沿革、有理论、有实践、有总结、有科学方法、有发展方向，著者还可以审慎地提出个人的学术见解，等等；而且教材不必限定数量，不一定仅有一种法定版本，可以有多种版本，发挥其不同学术观点与特色。

追忆教学用书《城乡规划》的编写

出版社在重印 1961 年出版的《城乡规划》教学用书时，曾约请本书的当事人写一篇说明文章，我踌躇甚久，本不愿将旧事重提，但后来又想到，把这件事回忆起来也有好处，好让年轻一代知道我们今天的一切，包括城市规划这一专业的理论等，是怎么得来的。

● 编写背景

自中华人民共和国成立到 20 世纪 60 年代，国家取得了一系列的重大建设成就：长春第一汽车制造厂等在内的 156 项重大项目次第建设；1956 年，提出“向科学进军”；1959 年，庆祝国庆 10 周年的工程建设；等等。但是，后期的“大跃进”中，高指标、浮夸风等带来了巨大的灾害，也影响到高等学校的教育。1960 年，周恩来总理提出“调整、巩固、充实、提高”的八字方针，希望恢复正常秩序。

1960 年，面对当时教育的混乱，高等学校教育在此方针下确立了两大举措：第一，整顿教学秩序；第二，重新编写教材。前者要解决相当一个时期以来学生已不正规上课的混乱状态，“按人头计算，填平补齐”（指按每个学生受业的情况，拟定自身的补课计划）；后者就是大规模编写主要课程的教学用书，这在当时确实是明智之举。当时在清华大学建筑系，我是主管教学的系副主任，这两项任务都落在我的肩上。在此期间，清华大学建筑系集体编写了《建筑构图原理》《建筑画绘图》两本教材，在我的筹划下，经过参与教师的积极努力，最终通过梁思成先生审查修正，顺利出版。

● 编写过程

在编写教材过程中唯独《城乡规划》一书情况比较特殊，建工部教育司司长数度和我洽商，希望我来编写，但当时清华大学党委坚决不同意我接受此任务，认为“政策性太强”，不能从命（我当时对清华大学党委异常坚决的意见也心存困惑，“文化大革命”后才知道，这是因为当时有领导在 1960 年 11 月的第九次全国计划会议上提出“城市规划三年不搞”，学校领导才如此坚决）。直到 1961 年下半年，曹洪涛同志从轻工业战线刚调任国家计委城市规划局局长，他对此领域业务不熟悉，一到任就遇到《城乡规划》教材编写工作这一难题，据说他为此事还特意见了李富春副总理。后来，他召集有关建筑院校的老师开会讨论教材的编写工作，当时参会的有南京工学院（今东南大学）的齐康、夏祖华，同济大学的李德华、宗林，重庆建筑工程学院（今重庆大学）的黄光宇，清华大学则由我代表参加。曹洪涛为人诚恳，把大家团结在这一任务下共同努力。这时他已胸有成竹，本意是由我主持编写，但我告知他学校坚决不同意，不能受命，他仍然以“年岁最长”为由一再要我先来“主持会议”。会上各校交流了对全书的看法，讨论的结果是：由清华大学来编写上册（“总体规划”部分），由同济、南工两校合编下册（“城市设计”部分），关于下册的编写我基本未太具体过问。

回到清华大学后，我即组织城市规划教研组教师开始编写工作，确定书名为《城乡规划》（虽然后来涉及乡村内容较少，人民公社等内容移至下册，但仍坚持原意）并提出总纲。除了以我在清华大学曾经讲授的教材为基础外，中国城市史部分及总体规划部分由我执笔，世界城市史由程应铨执笔，朱畅中编写苏联及东欧有关部分，其他参加的人员有杨秋华、陈保荣等（因为这一时期城市规划教研组已将规划方向重点转入住房与社区研究，此项工作只能在力所能及的条件下开展）。昼夜赶工，颇为辛苦。完稿后，有关方面将稿件送至国家计委审查，程子华副主任批示由当时的城市规划研究院成立小组对书稿进行审核，主要由院长史克宁①和安永瑜等主其事，邹德慈

① 史克宁同志在“文化大革命”期间下放当中学校长，为救溺水的学生而身亡，我至今仍不忘对他的尊敬。（作者注）

《城乡规划》

作为联系人。虽然我过去在业务活动中就与规划院有较多联系，比较熟悉，但是他们骤然接到这项任务，仍严肃对待、全力以赴。记得在审核过程中出现了观点的分歧，例如，此书应以政策为主还是以科学规律为主,我坚持认为，既然作为教科书，就应以综合的科学知识基础及城市的发展规律为纲。之后规划院审查中涉及面逐渐缩小，后来也较放松，仅触及与政策有关的内容，当时安永瑜负责改写中华人民共和国成立以来城市建设方针等内容（即此书第一篇《总论》、第二章第二节《（四）十年来城市建设的伟大成就和几点重要经验》），我还记得定稿后他很慎重地亲自到清华大学将稿子交给我。

整个编写的过程非常艰苦，重要的是，在当时大的政治、社会背景下，正处在对城市规划大批判的时期，观点上莫衷一是。后来，曹洪涛在一篇文章中说我是此书的主编,事实上，我是承担了主编的工作，如前所述，因为清华大学党委有言在先，我一直没有正式亮出这一名义，但又勉为其难地尽可能做一切需要做和可以做的事，规划院渐渐也极其慎重，在我与清华大学建筑系城市规划教研组的几位同志共同努力下，总算完成任务。

可喜的是，书出版后，有较好的反响。这时我已在病中，被告知出版社原本要加印，后发现书中有一处案例的地名与“赫鲁晓夫”音相近（其实完全无关，但在当时视为畏途），遂作罢。

● 反思与评价

中华人民共和国成立后到“文化大革命”前的城市规划与建设取得了伟大的成就，当然也存在一些消极的方面。就规划专业来说，从无到有，还是取得了长足的进步，包括学习苏联及与民主德国、波兰等国的学术交往；有关城市规划文献的翻译与介绍等在学术水平上也有一定进步，并且普遍重视实践，包括与政府管理部门的联系等。例如，兰州市规划（任震英主持）与杭州市规划（清华大学参与），作为中华人民共和国的建设成就，参展 1958 年在莫斯科召开的国际建筑师协会第五届世界建筑师大会等；我率领几位同学参加保定市城市规划，在市长郝铁民及规划局的帮助下制定的保定旧城保护与西区发展规划，虽经过“文化大革命”的波折，但终于得到实施，至今得到保定市的肯定；1964 年，清华大学与北京市建工局合作的左家庄小区规划，由朱自煊与韩守询主持，包括建筑、规划、基础设施等，提出“先地上后地下”的方法，领先全国取得好的成绩。以上是个人初步回忆所及，全国也当如是。

因此，可以说，从中华人民共和国成立到“文化大革命”前夕，城市规划取得了相当大的成就，并非一无是处。在 1957 年前，对城市建设中一些不良现象也不是没有批评，如当时建工部提出“反四过”（“四过”指“标准过高、规模过大、占地过多、求新过急”），我就亲自聆听过建工部万里部长的相关报告。因此，就有关领导提出的“城市规划三年不搞”，我现在推想，主要针对的是“大跃进”“人民公社化”运动所造成的不良后果，这一段时期规划波动，一度将城市规模盲目做大，规划流于空想，甚至要“取消厨房”等，导致后来城市商品粮短缺，管理困难，不得不紧缩城市人口。在当时的浮夸风下，对规划刹一刹车，是很必要的。但是，现在看来，那段时期所提出的绝对的时间——“三年”、绝对的手段——“不搞”，贻害很大，波及全国，使规划机构解散，人员流失，资料丧失，造成城市规划的灾难。批判所及，对当时城市规划全盘否定，在“文化大革命”中更变本加厉，似乎一无是处，直到改革开放，规划才面临“重建”的局面。

在对教科书审查的过程中，我与规划院的同志有所交流，曾去看了史克宁院长，看到他用毛笔蘸红墨水在稿子上认真圈点。虽然他们对教学工作不熟悉，存在如前所述的一些分歧，包括一度认为卫星城是西方资本主义的产物，主张删去等，但是经交换意见后不难取得一致。

关于此书，今天回头来看，还有几点要特别提出的：

第二章《社会主义的城市建设》，当时中苏关系已经紧张，但对于苏联（包括东欧国家）城市建设还没有中肯的加以否定的观点，如果删去，缺一大部分内容，思考所及，暂时不动。

第十四章《城市的总体规划》，是在对 1950 年代规划实践的认识的基础上写成，特别在当时，尽可能访问规划界一些实际工作者，听取他们对中华人民共和国成立 10 年来规划工作的反思，对城市规划工作缺陷的认识，如对经济问题等重视不够。此章中将“总体规划的经济问题”列为第一节（将“城市规划功能问题”列为第二节，“城市总体规划中的建筑艺术问题”列为第三节），这在当时是颇有创意的。今天看来城市规划“以经济建设为中心”已经是理所当然，但当时把它作为第一位是前所未有的，几易其稿，得来不易，并且将经济合理的原则分别拓展到城市功能与布局原则中，煞费苦心。

区域规划部分，在第一个五年计划期间相关部门负责人等到有关区域联合选厂，为此做了大量工作，颇具创意，实际上即具有区域规划性质，但当时无文字总结，又涉及保密，故未细加发挥。

书中将一些技术细节列为附录，当时的想法是，根据中华人民共和国成立以来的授课经验，宜尽可能使教材内容实在些，好使学生不仅仅知道一些技术原则，还多少了解其来源和关键内容，这在中华人民共和国成立初期技术资料缺乏的情况下很有必要，今天应当属另一情况。

在编写过程中还存在保密的困扰，案例的选择颇受限制，一些城市插图一再审定，有关内容简之又简，有些图在今天已不识是何地方。

这本书几经磨难，最后总算交卷，从当时清华大学建筑系的人力与学术水平来看，写出比这本书现有内容充实一些、实在一些的教材是有条件的，但限于当时“震荡”的客观条件，限期紧迫，仓促出版，也只能如此，已经尽了最大的努力。

书稿交卷之日，总算松了一口气，但是当晚我就睡不着觉，失眠、出虚汗，四肢无力近而渐渐浮肿、心跳加速，去了小汤山疗养院三次（当时幸在工会照顾下获得的唯一可能的去处），又染上肝炎……得病的原因是当时经济困难，按定量，一顿只能吃一个馒头，“国家在带领六亿人民度荒”“按热量办事”。我硬着头皮，鼓足干劲总算把任务完成，未想到一病三年多，各种医药无效，后幸听从我母亲的建议，不再吃药，而是将各种豆子混合就食，慢慢调理，再半年后体力才逐渐恢复。这场病使我认识到“民以食为天”，工业要发展，城市要发展，不能没有农业。没有足够的商品粮，就养不活城市。这件事对于经历者是记忆深刻的，对于我更有切肤之痛。

以上所说似乎是题外话，但是与这本定名为《城乡规划》的教科书有着直接联系，它说明了某些真理，也正是由于这一点，我对今天大手大脚占用耕地的做法深感痛心，打心底里反感，而对“城乡统筹”这一要义倍感亲切且有所期待。

● 对今天的启示

几十年前的事处在忘却的边缘，花了三四个月的时间才渐渐把点点滴滴回想起来，总算勾画出一个模糊的轮廓，也许有人会问，为什么当时那么多学科的教材全都刊印出来，并未像这本《城乡规划》这样折腾？这说明城乡规划这一学科本身的政治敏感性。

当时在“鼓足干劲，力争上游，多快好省地建设社会主义”的旗帜下，全国要“超英赶美”，提出要炼多少吨钢，农业要增产多少斤粮食，“一天等于二十年”，农村要“人民公社化”，要拆除家庭厨房、办公共食堂，粮食多到“吃饭不要钱”，等等。这在当时给社会带来了很大的困惑，对于规划工作者更是如此（这样一个“闹剧”之后逐步得到了纠正）。在此形势下，有一阵全国各学校几乎都大搞“人民公社”规划，保定市徐水县（今徐水区）商庄人民公社在某一新华社下放蹲点干部的鼓动下要搞共产主义新农村，当时，具体的目标就是“楼上楼下，电灯电话”，在清华大学某领导的支持下，建筑系一部分师生在学校宣传部一位园林专业毕业干部的主持下，就选大寺各庄这个点干起来。建平房不过瘾，一定要建楼房。没有地板就用附近白洋淀盛产的芦苇，用细铅丝捆扎成串，拼成楼板，没有自来水管就用玻璃管代替。就这样不仅盖二层，还要盖三层，刚性差，走起来有点摇晃。施工也很困难，没有脚手架，就把当地住户的门板拆下来做脚手架，当时已近寒冬，为了避寒，家家户户不得不把床单当作门帘。周总理某次特作安排，途经徐水视察这所谓的新农房建设，一连串问了许多问题：为什么没有炕？农民冬季取暖怎么办？燃料哪里来？农民养猪怎么办？许多实际问题他们都应答不上来。因为当时面对的都是青年教师和学生，总理的问题严肃而温和。当时在设计建设过程中，也不是没有不同意见，而是持不同意见者后来被当作“右倾”批判。以上只是身边实际的例子，说明当时规划建设的实际情况和“城市规划三年不搞”的背景。

以上这些内容，目的在说明城市规划的前提或基本原则。首先，要有一个正确的政治纲领，这是先决条件，这个纲领不能超前，“大跃进”就过度地超前了；规划也不能滞后，否则建设走在前面，规划就边缘化了，未起到指导、引导、督导的作用。其次，城市规划有一定的基本理论，学术思想是核心，但是在不同的时代要有相应的发展变化。最后，规划要有理想，但不是空想，要理想与实际统一，城市规划只能立足于现实的基础上，当实际经济水平、生产力还未达到的情况下，依靠主观臆断是不行的。例如，徐水县当时的领导提出“提前实现共产主义”，建设“共产主义新农村”，在无经济实力、无技术的条件下，无论用什么漂亮的口号，这样的“样板”是树不起来的，徐水一度成为参观的“亮点”，但没几年就不得不拆除。当时的县委书记被判定为“阶级异己分子”，县委全部改组，但苦的是徐水的老百姓，谁来补偿他们的损失？这是一个教训，现在似乎已经逐渐被遗忘，但那个时候是一批人认认真真地去干的。历史不会一模一样地重演，但当时各种“风”是一步步刮起来的，并且越演越烈，我至今每思至此，心中就压下一个重担。这类事不能不令人反思，仅希望违背基本原则的事不要再犯吧。

北京城市规划的持续探索

● 改革开放初期的探索："多中心并联式"规划建议

回望历史，北京城在"文化大革命"中受到的破坏加剧及全国的建筑情况促使每个人都在反思和思考，而在与国内外的沟通交流中，我们的学术思想也有了很大进展。1978 年，清华大学任命我重主系务。之后，在繁重的拨乱反正工作中，我都是以无比兴奋的热情投入到思考首都规划建设工作中。清华大学建筑系还一度组织教师集体从事北京城市总体规划研究 。

1979 年，我们第一次提出将京津唐地区融为一体的规划构思。将唐山纳入规划视野，是因为 1976 年唐山地震后，参与国家建委组织的专家组共同探索唐山震后改建问题，从事地区研究的结果。这说明，正确的理论认识离不开实践，规划工作更是如此。1980 年，清华大学建筑系城市规划教研 1 组的研究成果《对北京城市规划的几点设想》刊登于《建筑学报》。文章发表后，陈占祥先生及当时北京市规划局副局长金瓯卜等相继写出了对规划讨论的文章，前所未有地对北京规划建设进行公开讨论，引起普遍关注。清华大学对北京总体规划的设想，得到时任中央统战部副部长薛子正的来信关心和鼓励。此外，我还参与了中国科协及北京市科协等组织的对北京市规划的讨论，以及赵鹏飞副市长领导下的 1983 年北京城市总体规划修编工作的讨论。我在评议北京城市建设总体规划批复的发言中指出，北京职能繁多，内容庞杂，只在建成区范围内打主意，螺蛳壳里做道场，总跳不出圈子，也解决不了根本问题。如果从大区域范围来考虑，路子就宽了，也活了。我也写了一些有关北京市规划的文章，如

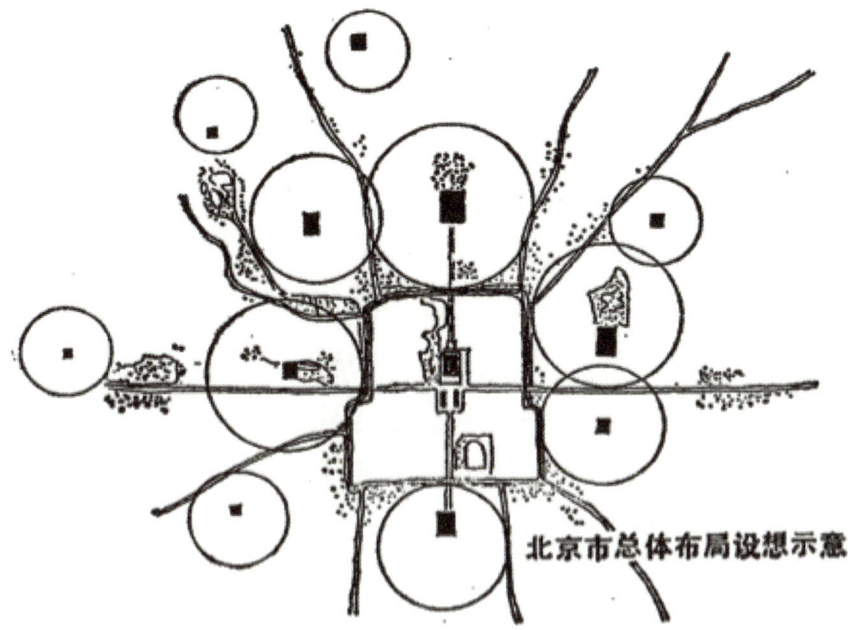

北京市总体布局设想示意图

〔来源：吴良镛．北京市规划刍议 // 清华大学建筑工程系建筑历史教研组．建筑史论文集：第三辑．1979.〕

京津唐地区发展规划设想

〔来源：清华大学建筑系城市规划教研室．对北京城市规划的几点设想．建筑学报，1980(05).〕

《北京市规划刍议》《新的起点——在〈总体规划方案〉和〈批复指导下做好首都的规划设计工作〉》等。这些文章比较系统地提出“多中心并联式”的城市布局结构建议，这是一项重要的科研成果。

1979 年清华大学建筑系对北京城市建设总体规划建议当然尚有不周到、不完善之处，以及有待可讨论之点。现在反思，最大的失误是对交通问题认识不够，研究不够，未能促使地下空间的利用，以及地下交通与地面交通并行发展，对科技工作者来说，这是一项重大的疏漏。当然，长期以来也有一些客观原因，对一些领域的信息限制，令研究者每每望而却步。但在政策上如此促使小汽车大发展，在交通措施上仅依赖加宽马路、增加立交桥来解燃眉之急（芒福德批判美国的国花是立交桥，“cloverleaf”，四个瓣的苜蓿叶），这些都是始料未及的。

● 对北京城市规划建设的整体思考

根据一段时期内对一些个案的了解，我认识到对于北京的问题，应该回到整体研究，才能找到出路。这样一个思想醒悟，集中体现在 1996 年 4 月 23 日在北京召开的北京大城市发展国际学术会议上，我准备的主旨报告为思索所得，即应当从更广阔的视野，探索整体的发展战略。我认为有必要在世纪之交的转折变化中，特别是正值经济结构调整的良机下，就发展战略问题做整体思考，认真推进可持续发展的战略思想。

但是，鉴于国内规划方面在缺乏相关政策准备的情况下，实施土地有偿使用政策，将危房与旧房混为一谈的危旧房改造与开发，加速了旧城的破坏和远近郊土地的吞噬，给北京旧城带来更大的危机。我认识到需要保护旧城的问题更加迫切，在 1997 年《关于北京市旧城区控制性详细规划的几点意见》中集中反映了我对过度密集地开发旧城的反对。同时，这也使我进一步认识到仅在个案中解决不了问题，需要从局部走向整体，重新对北京规划建设进行整体思考。

从 1996 年的整体思考到 1999 年国际建筑师协会第二十届世界建筑师大会，时间过去 3 年后，建设形势大好，但北京市的建设发展情况却更令人焦急。在国际建筑师协会第二十届世界建筑师大会的城建分组上，我有不能形之于色的隐忧，但又不能不表达中国建筑师应有的学术见解与遐想，鼓足了勇气，提出了“世纪之交走在十字路口的北京——对大北京地区概念性规划设计研究”，进一步探索出路。最初的想法是着眼于“北京大城市地区”（Beijing metropolitan area）或“北京及其周边地区”（Beijing and its environs）。当时提出的是规划设计纲要，试图说明一个保护旧城与合理发展的规划设想，一种创造良好生态环境的尝试，一条使北京走向“世界城市”的道路。清华大学建筑与城市研究所为此专门制作了展板，由于涉及北京的规划问题，只是为了配合会上学术报告而放在会场门厅展示了一下。会议上听众抱着极为关心的态度和浓厚的学术兴趣踊跃提问，我的答复非常谨慎，但这项工作得到国内外有识之士的支持 。

世界建筑师大会结束后，我们就将大会未能展出的展板及报告内容向时任建设部部长俞正声同志汇报。他特意来清华大学听取汇报后，认为这项工作很有意义，并表明他支持这一项研究，但提出将“大北京”改为“京津冀北”，于是，按此立题。后来，由于研究范围的扩大，称“京津冀”，作为国家自然科学基金和建设部基金项目开展研究。

十几年时间，我们持续开展此项工作，取得了一系列的成果，也逐渐得到了学术界和全社会的认可。2002 年出版的《京津冀地区城乡空间发展规划研究》从世界城市的高度，借鉴国际经验和教训，以整体的观念，综合研究城市发展的战略定位、区域功能和空间布局、协调与合作机制等问题，主张通过“建设世界城市，带动整个大北京地区的繁荣和健康发展”。

2006 年的《京津冀地区城乡空间发展规划研究二期报告》继续关注京津冀地区的变化，并进行持续的跟踪研究。面对急剧发展的形势和区域规划工作的新需求，在科学发展观的指引下，将一期研究中提出的京津冀地区发展的原则性、理念性、方向性、战略性问题进行深化和具体化。二期报告特别注重将区域研究落实于城乡大地的广域空间，以首都地区和新畿辅的观念，在综合北京、天津城市总体规划及河北省城镇体系规划的基础上，采用“批判性整合”的工作方法，以实现良好的人居环境与和谐社

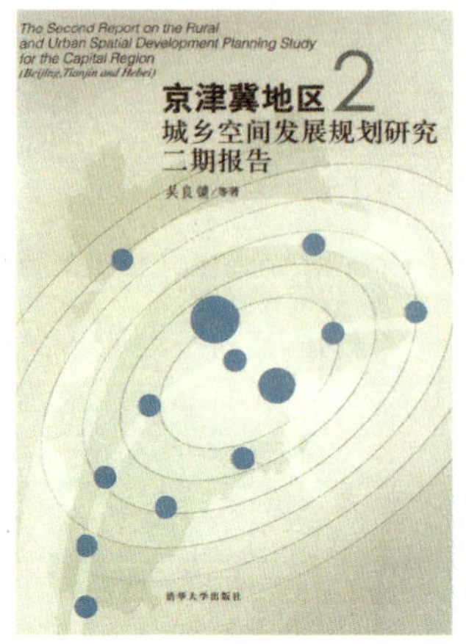

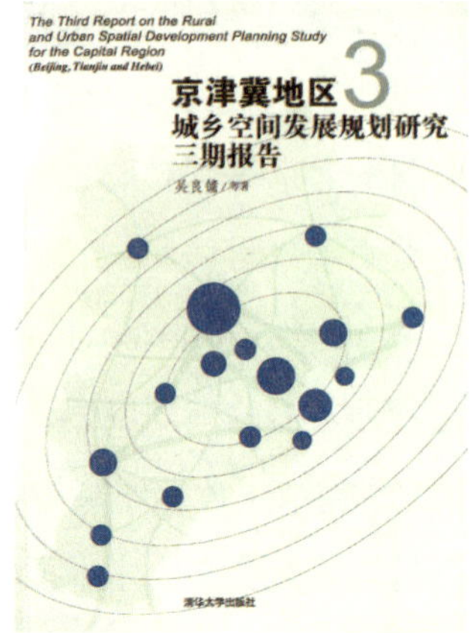

京津冀地区城乡空间发展规划研究系列图书

会同时缔造为目标，在更高的境界上推进京津冀地区城乡空间战略发展规划的研究。

2013 年，《京津冀地区城乡空间发展规划研究三期报告》提出，在国家发展方式转型的背景下，着眼于京津冀存在共同利益的关键人居问题，在区域城镇空间格局、综合交通体系、生态文明建设、区域文化体系等方面，谋划转变当前发展模式的共同政策和共同路径，提出共同缔造良好人居环境与和谐社会的具体建议。

● 2004 年北京城市总体规划修编

在城市空间发展战略研究的基础上，清华大学参与了《北京城市总体规划（2004 年—2020 年）》修编的工作，主要工作集中在区域研究与旧城保护方面。在北京市委、市政府及有关职能机关，以及中国城市规划设计研究院、北京市城市规划设计研究院和清华大学建筑学院等单位与部门的共同努力下，北京城市总体规划的修编取得了丰硕的成果。规划重新考虑了北京的空间结构，不再重复“摊大饼”式的模式，而是从“中心大团”跳出来，在 16410 平方千米的行政范围寻求新的布局形式，整体考虑改善城市问题的措施，这是一个重大的前进和突破。

新的空间战略在城市结构上不再在主城里打转，寻找出“两轴—两带—多中心”

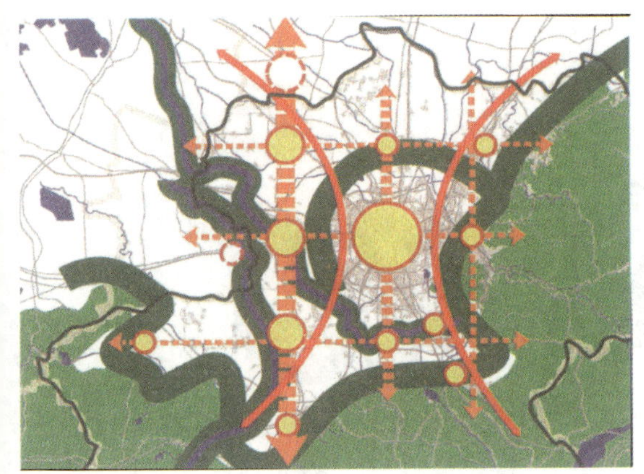

2003 年，清华大学北京城市空间发展战略研究课题组提出的北京城市总体布局结构方案

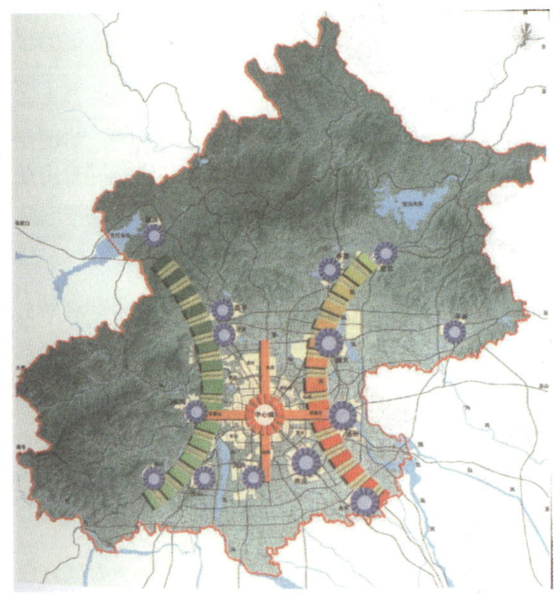

2004 年，北京总体规划修编确定的北京城市规划总体布局方案

的结构形式，即在中心城继承发展城市传统中轴线和长安街沿线十字轴，在其外围构建西部生态带、东部发展带，并在市区范围内建设不同的功能区，构筑以城市中心与副中心相结合、市区与多个新城相联系的新的城市形态。“两轴—两带—多中心”结构形式的获得，是对中华人民共和国成立之初确定下来的城市结构在近 20 多年来已显困境的情况下于城市形态上的一次突破，让一系列长期困扰北京发展的问题有了解决的转机。

这个成果得来不易。尽管还可能有不同的见解、声音，但它在修编过程中已经渐趋完善，总纲也大体草拟出来了。经过一个时期的苦闷与彷徨，终于找到了可能的新模式，心情有说不出的愉快，多年之长梦，终有圆梦之日！

北京市城市总体规划，自从在把“梁陈方案”放在一边（因为没有见到过明确的文件对此做过交代），决定以“旧城为中心”和放射环形的交通系统后，就成为既定不变的模式。这在中华人民共和国成立初期城市未

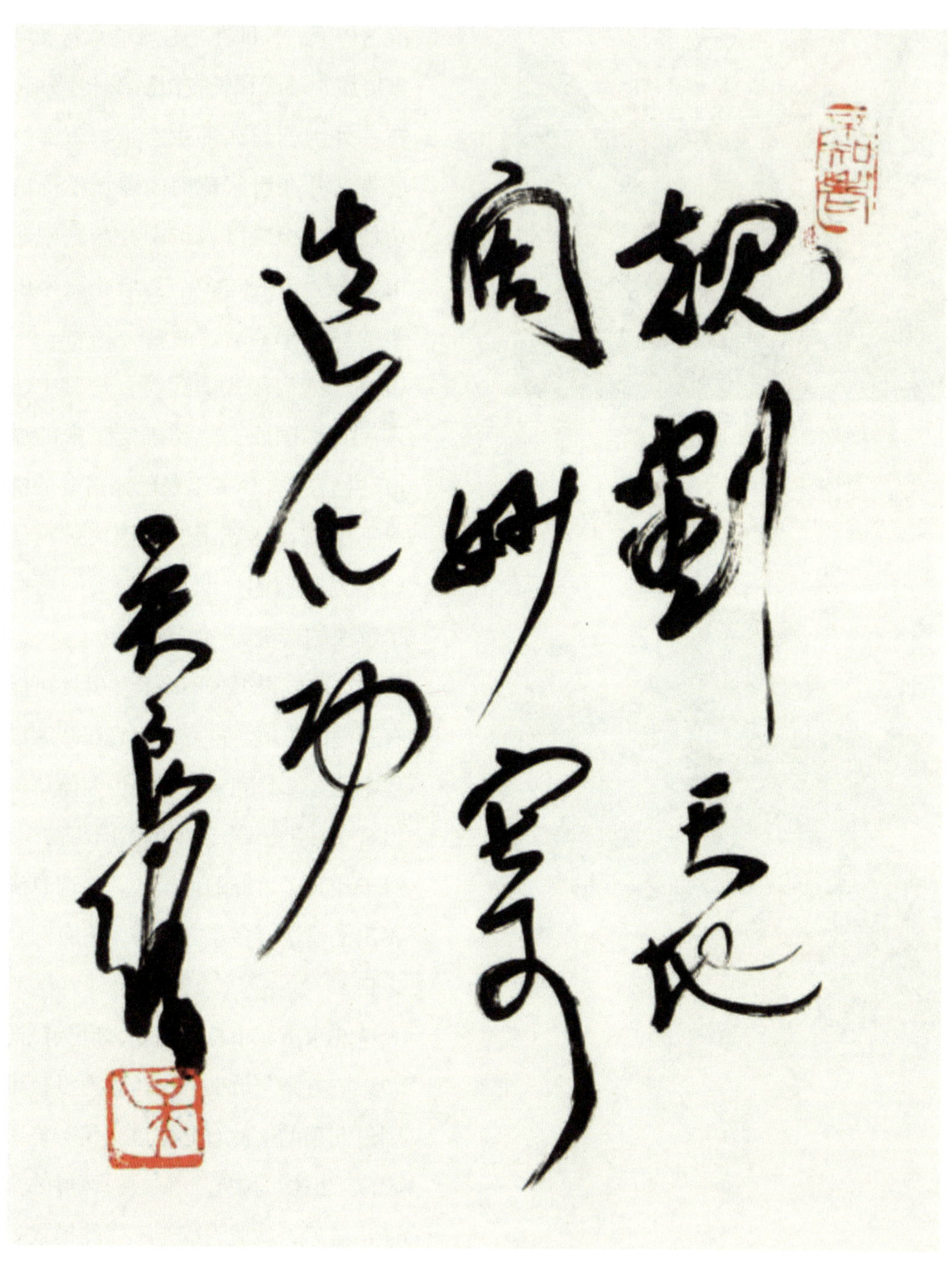

规划天地阔，妙奇造化功

大规模发展时，就城市结构本身来说也是一种选择。但一旦城市发展过大过快，“同心圆”式发展的弊端就逐渐显现了。因此，我在“文化大革命”后的一个时期里就开始思考这个问题，特别是出现旧城急剧膨胀、拥塞过多建筑、公共建筑与住房激增、小汽车剧增、公共交通未能及时获得同步发展等“城市病”时，走出“同心圆”不仅必要，并且日益迫切。但如何解救，不能仅从书本或理论去寻找答案，而是从现实出发，吸取国外经验教训，通过逻辑推理，对现状问题的分析和比较研究设计出可能的答案。前述若干策略就是经过综合反复思考后得出的结论。

北京城市总体规划修编在庞大的集体大军协同努力下，付出了不少劳动，稿成之后大家如释重负，但是我心中又沉重起来。走出“同心圆”只是一个初步的努力方向，而如何实施才是一个新的开始，并且操作权不在规划者的手中，因此不能说万事大吉，若善自为之，可以推进规划，深化规划，甚至在某一方面另辟蹊径，创造新的奇迹；若遇到不可驾驭之周折，任何曲折都可能使规划变质、夭折！

但无论如何，正视问题、揭示问题，努力以问题为导向，探索解决问题之策略与措施，并把规划思想之要点交付决策者、交给社会，能为全社会所共识，所参照，仍不失为积极的态度。也就是说，对新的规划理念不仅要积极宣传，同时要继续深入研究，不断充实，审慎过渡，使之逐步得到实施。

2005 年 2 月 5 日，《北京城市总体规划（2004 年—2020 年）》批准后，召开庆祝会，我在会上做了即席发言，引用了一位来清华大学讲演的国外专家说过的话。大意是：“一个规划的诞生，是另一方面新的问题的开始”，这是值得深思的。

第六章 人居

当前，城乡发展的现实问题错综复杂，新生事物又不断涌现，人居科学的探索犹如在汪洋大海中行船，必须有明确的纲领才不至于陷于迷惘。人居环境科学的产生是由对建筑学的思考引起的，第一次提出『人居环境学』也是出自对中国建筑发展理论的探讨。人居科学未来的发展有赖广大同行秉持共同的纲领，形成科学共同体，探求人居新境！人居科学要走向『大科学』『大人文』『大艺术』。科学、艺术、人文的融汇就是『人居之道』！

“一引其纲，万目皆张”

我的专业学习是从建筑开始的。建筑学内容非常丰富，包含非常引人入胜的东西，涉及艺术人文、工程技术等多个领域，也正因如此，常使人困扰。

1940 年，我入中央大学建筑系学习，在大学阶段，作为选修课程学习过城市规划与园林（当时称庭园学）。后来随着阅历增加和现实需要，从建筑扩向城市设计、城市规划，进而从事园林研究、区域研究等，多学科交叉使我眼界与思路日宽，尽管领略到它的风采，但又感到困惑，“苦不得其门径”。老师之间有各种不同的看法，学生们在学习过程中也就存在何去何从的问题。有些人偏重艺术，有些人偏重技术，等等。这也体现在学校教育、社会舆论等方面。

中华人民共和国成立之后，面对新社会发展的需求，建筑师旧有的一套一下子无法适应，更有诸多困惑，例如，如何命名这个学科。院系调整后，教学体制按照苏联模式，最初将建筑译为建筑艺术，后接受我的意见改称建筑学；对于工民建（工业与民用建筑）和建筑学之间的关系，当时也有不同看法。这些困惑一方面是因为旧社会经济、社会、文化的落后，建筑科学文化基础差；另一方面也是制度变革，政治、经济等局面的变化所带来的必然产物。从学习建筑之初，我自己就处在这个困惑之中，并不是非常清醒。

科学探索的几个领悟

建筑学要走向科学

回顾我的学术之路，1940 年代初，在战火中求学，初入建筑之门，可以说是学术思想的启蒙；1948 年，赴美求学，接触到西方先进的学术思想；1950 年回国后，投身中华人民共和国城乡建设，参与长安街规划设计、天安门广场扩建规划设计、毛主席纪念堂规划设计等重大项目；“文化大革命”结束后，满怀激情，再次投身于建筑领域的工作中，希望冲破困惑的迷雾，找到建筑学的方向。

“文化大革命”结束之后，中国学术界面向新时代，都鼓起了非常高昂的探索热情，当时不仅是建筑学科，各种学科都充满激情，在辛苦探求。中国科学院院士（当时叫学部委员）制度恢复了。1980 年，我在国外讲学，被通知选上了学部委员，同年参加“文化大革命”后第一次学部委员大会，当时梁思成先生已经不在了，会上建筑学领域除了我之外，只有杨廷宝先生在。这次大会在我的学术经历中是非常重要的，对于我的学术探索有很大的鼓舞。

我认识到双肩学术责任的加重，问自己：究竟建筑学应该如何发展？有一条是比较坚定的，就是建筑学专业必然要向科学发展，不能像以前那样人云亦云，应该找出具体的道路适应“文化大革命”之后发展的要求，否则难以适应新形势。1983 年，中国科学院技术科学部在长春召开会议，希望每个专业介绍“文化大革命”以后科学发展的方向，我和周干峙、林志群合作研究，进行了题为《住房·环境·城乡规划》的学术报告，这个报告确定了后期建筑学研究发展的基本方向，从今天来看，仍旧是具有一定前瞻性的：住房问题仍旧是当前重要的社会问题；环境问题 20 世纪五六十年代在西方发达国家已经很严重了，今天我们国家的大气污染、水污染、土壤污染等问题仍旧严重；城乡规划，不能只提城、不提乡，城乡统筹越来越受到重视。为什么这个报告具有前瞻性？最根本的就在于它是从中国实际出发来看问题。

广义建筑学：从建筑天地走向大千世界

“建筑”不等同于“房子”。中文“建筑”一词源自日语的翻译，在很长时期中，中国社会所认为的“建筑”等同于“房子”。建筑师要设计一个房子，一般人的理解就是要做得更美观一点，建筑艺术质量高一点。1947 年，梁思成先生从美国回国讲学，在清华大学建筑系的开学典礼上对第二班学生的讲演，提出两点：一是“住者有其房”，有意识地把建筑的主要任务导向宜居住宅；孙中山先生曾提出的“居者有其屋”，还有“一人一床”等目标，还要结合中国社会的情况，满足基本的居住要求；二是“体形环境论”（physical environment），也有翻译成“实体环境”的，是指以物质空间环境为主体，从家居至整个城市及若干城市间的联系，是人类生活和工作的舞台。将建筑的概念从房子扩展到环境，这个概念当时在美国也是比较新的。梁先生在美国时，一个关于建筑理论的会在波士顿召开，一些建筑大师都去了，这个会上“体形环境论”已经开始用了。梁先生具有对新鲜事物的敏感，就把这个概念带回来了，可惜当时在解放战争的期间，时局混乱，这一思想并未充分发挥它应有的影响。可以作为参照的是，1950 年代，在美国，由 J. 肯特（J. Kent）与 W. 沃斯特（W. Wurster）推动加利福尼亚大学伯克利分校成立环境设计学院（College of Environmental Design），可见在西方一般建筑教育中，“环境设计”观念之树立则是 1960 年代的事了。

交叉学科的概念。1983 年，我应邀去香港大学城市研究及城市规划中心，其间接触到跨学科（interdiscipline）研究的概念，各学科的不断扩大和充实，带动了边缘学科的发展。我对此很感兴趣。1984 年，中国科协召开了一次由“三钱”（钱三强、钱学森、钱伟长）倡导的关于交叉学科的座谈会，钱三强出席发言，曾认为“在 20 世纪末到下一个世纪初将是一个交叉学科的时代”。这对我震动很大，我代表中国城

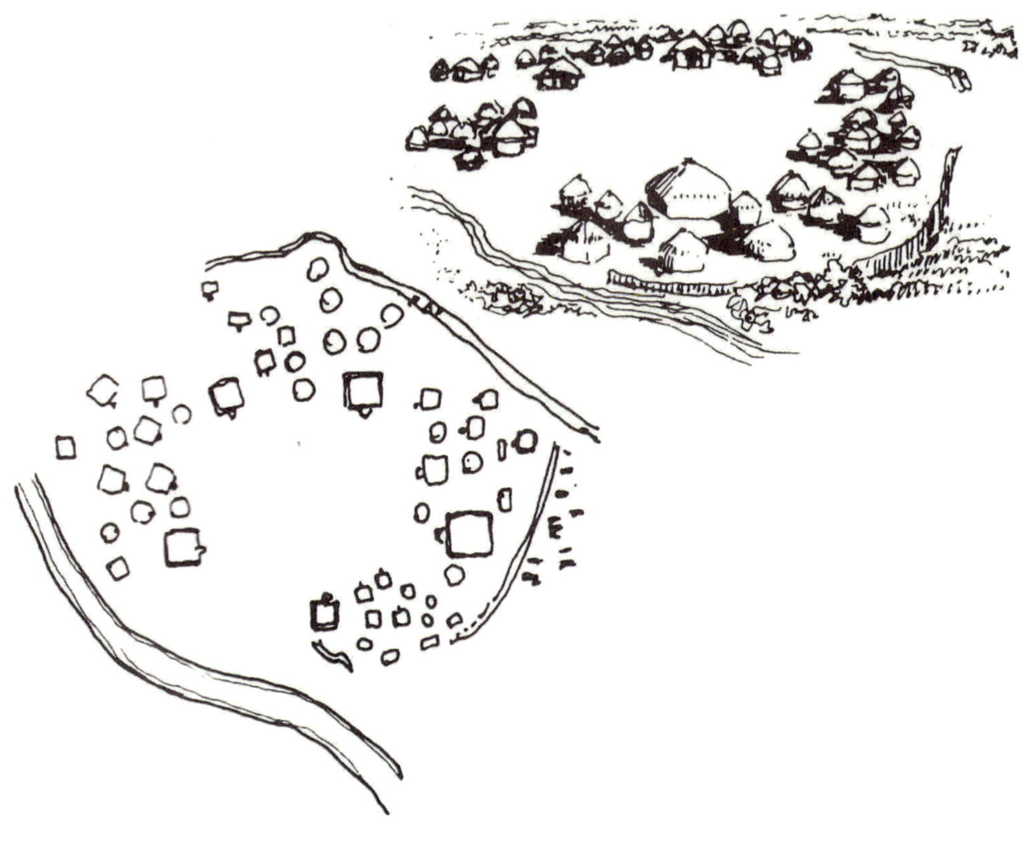

临潼姜寨

市科学研究会做了发言，题目是《多学科综合发展——城市研究的必由之路》。当时认为，建筑学既然与多学科相关，为何不尝试逐一分析，对建筑学的概念进行拓展。应当从交叉学科，尤其是从人类学的角度认识建筑。

聚居的概念。这一时期，临潼姜寨新石器时代遗址的考古发现对外公布，引起我极大的兴趣。遗址由 5 组建筑组成，中间有一个广场，外围还有水沟作为防护，有农业也有畜牧业。这就不像过去只通过陶陶罐罐来找历史，而是出现了一个聚落。考古学家张光直就是这种“聚落考古”研究的领军人物。1978 年，我在墨西哥人类学博

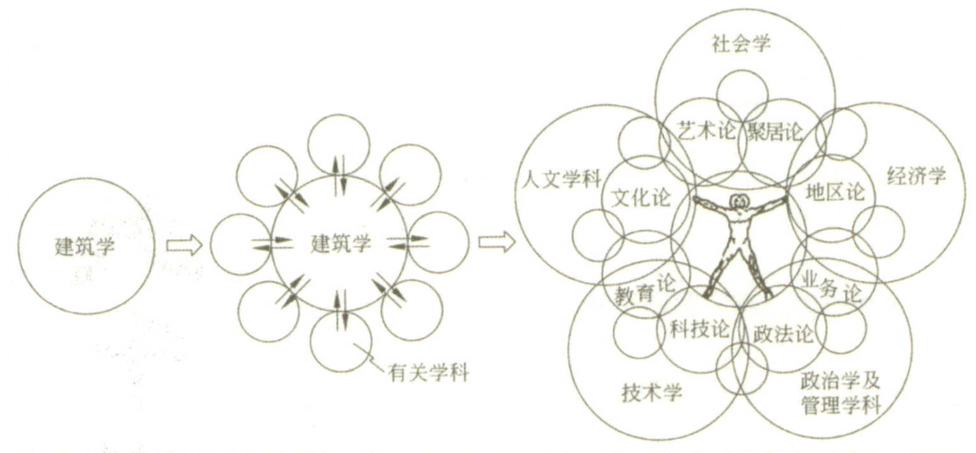

建筑学—广义建筑学

物馆及随后在日本大阪人类学博物馆也见到这种早期村寨。这让我想起中学时代居住四川农村时对丘陵地带民居簇群的体验：住房是三三两两一组，旁边有水塘、树木、农田，还饲养有牲口。这些使我逐步领悟到人类聚居的要义：建筑学不能仅指房子，而需要触及本质，即以聚居（settlement）说明建筑，从单纯的房屋构成拓展到社会构成。

广义建筑学的提出。1987 年 8 月 18 日至 21 日，国家自然科学基金委员会委托清华大学建筑系召开“建筑科学的未来”研讨会，会上大家议论纷纷、莫衷一是。鉴于这种情况，我在会议上第一次提出心中有所酝酿但当时尚未成熟的“广义建筑学”的概念。

1989 年，《广义建筑学》出版，中国建筑学会组织多位建筑师讨论，与会的包括一些知名建筑学者，都一致肯定这本书，并认为此书达到相当高的高度。当时林志群还专门写了文章评论，并且以《广义建筑学》中的一句话“从建筑天地到大千世界”作为文章标题。

时代需要“大科学”，也在孕育“大艺术”。建筑学正介于这两大门类中，我们应当多方面努力，提高建筑的科学性，反对忽视科学的种种不良现象。另外，我们还要提倡建筑艺术的创造，除了建筑科学艺术本身探索外，我也注意加强在绘画、雕塑、书法、文学、工艺美术等方面的欣赏与修养。

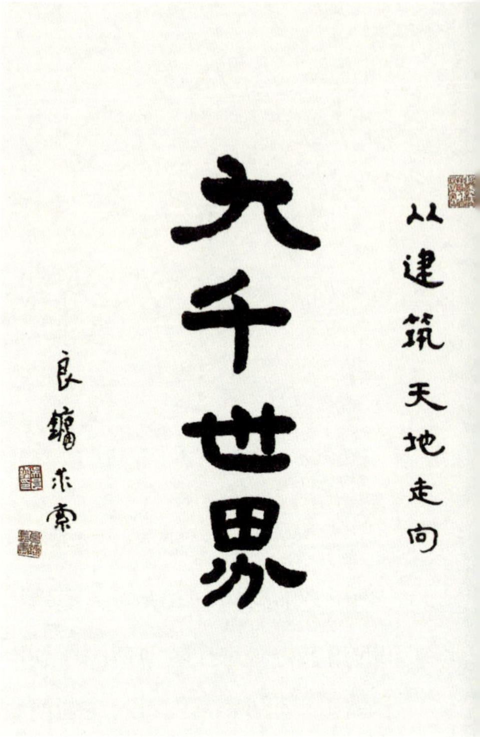

人居环境科学的追求：有序空间与宜居环境

● 从单一学科的展拓到学科群

在广义建筑学提出之后，下一步该怎么做呢？我仍在从各方面进行不断探索，希望得到新的领悟。例如，张维教授曾建议我可以采用某些德国学者常用的做法，将“十论”① 一一加以深化，形成 10 本书的系列，这样就能更加深入并且蔚为体系了。

这一阶段我受到了国际上种种学术思想的影响。例如，国际建筑师协会世界建筑师大会，1978 年的主题是“建筑与国家发展”，1981 年的主题是“建筑・人・环境”，1990 年的主题是“文化与技术”，这些都促进了我对建筑发展方向的思考。还有国外的学术理论也对我有启发。例如，希腊学者 C.A. 道萨迪亚斯（C.A.Doxiadis）创立的人类聚居学，1963 年他又发表了《台劳斯宣言》，并于此后每年举行一次台劳斯会议，

从建筑天地走向大千世界（2012 年）

① 《广义建筑学》正文包括聚居论、地区论、文化论、科技论等 10 章内容，此处简称“十论”。

积极吸纳有关方面的见解，1972 年道萨迪亚斯去世，这个会议也不再举办了。此外，还有其他国际学术会议的影响，例如，1976 年联合国在温哥华召开的首次人居大会，1992 年在里约热内卢召开的联合国环境与发展会议；等等。

我逐渐理解到：不能仅囿于一个学科，而应从学科群的角度整体探讨研究。1993 年，应中国科学院技术科学部主任师昌绪院士邀请，我在学部做学术报告，我和林志群（当时抱病在医院中工作）、周干峙对此进行了准备，我们认为“地球高峰会议”已经推广了建筑学的内涵，新的时代也应该对建筑有新的看法。因此在该学术报告差不多定稿之时，林志群提议要不要在这里提出关于建筑方面新概念的讨论，我说已经有了，对人居环境学已有所思考，此时可以提出来了，提出这个新概念对中国建筑与城镇发展的方向将会有明确的号召，遂最后连夜加进了一段，提出“中国要向人居环境学进军”，成为这篇报告的结语。事后我问起师昌绪院士，他告诉我这一报告得到罗沛霖的肯定，我深以为荣。会议有多家媒体参加，其中《中国科学报》的记者听了我们的报告之后，认为提出的观点非常重要，因此在该报头版头条刊发了名为《展望我国建设事业的明天：学部委员吴良镛纵论人居环境学》的报道。

与周干峙在西藏调查

科学界的反响引起清华大学校领导和有关教师的注意。1994 年，在三堡召开的学校暑期干部会上就讨论认为应当成立校一级的人居环境研究中心，在张孝文、方坚等校领导主持下，会议结束之后将这个意见告诉我，我心慎重，说需要思考。在一年之后，已胸有成竹，下定决心成立人居环境研究中心。

《人居环境科学导论》

1995 年 11 月，在即将召开清华大学人居环境研究中心成立会议前几天的一个傍晚，我写完了发言稿，重点阐述“为什么要成立这个中心”的问题。写完之后，还有一点时间，就去我当时的博士研究生朱文一（2004~2012 年任建筑学院院长）宿舍了解他博士论文的进展，相谈甚欢。出来正是下班时间，我为了躲避迎面而来的急速车辆，自行车急刹车倒地起不来，躺在学校北区的校卫队门房中。左川赶来将我送到积水潭医院，经诊断为左腿骨折。因此第二天会议上就请毛其智同志代为宣读这篇文章，会议宣告了人居环境研究中心的成立。

人居环境研究中心成立之后，开展了一系列科研工作，对于滇西北的研究就是其中一个。众多学科领域共同合作，我们又发现大兵团的协作不能没有共同纲领，这样就有了《人居环境科学导论》这本书。该书于 2001 年出版，系统阐述了人居环境科学的基本理论体系。它不是一个学科尽情扩大，而是多学科共同协作。在共同纲领之下，我们的团队开展了一系列的研究和实践，算起来已有 42 个之多，有区域的，有城市的，有社区的，有建筑群的，等等。

● 有序空间与宜居环境的追求

中国的城乡各领域建设如火如荼，都须以物质空间为载体，它们在空间中交织，不可避免地存在冲突，其实质是人居环境需求和有限空间资源之间的矛盾，是对空间的争夺与经营。人居环境科学探索什么？什么是最基本的？

首先，是有序。人居环境是时间、空间、人间的结合，各项建设要在时间、空间上有序发展，这是最基本的。大城市有大城市的组织结构，小城市有小城市的、村镇有村镇的秩序。人居环境科学探讨如何科学地利用空间，实现空间及其组织的协调秩序，即有序空间。从空间规划战略的角度，为社会经济发展中的种种矛盾问题提供可能的解答和准则。

其次，是宜居。不论是在城市还是乡村，人在空间中安居乐业是最基本的。安居是对居住有要求，乐业则可以包括各种活动，非常广泛，所有城市的空间规划设计都是为人的生活服务，旨在创造适合于生活生产的美好环境，即宜居环境。

1999 年，国际建筑师协会第二十届世界建筑师大会在北京召开，会议通过了由我主持起草的《北京宪章》，其中明确提出“美好的人居环境与美好的人类社会共同创造”，就是意图将环境建设与社会进步的目标逐步统一起来，聚居是以人为核心，不只是房子的组合,各种设施的建设无不源于美好的人居环境与和谐社会的基本要求。

人居环境科学的走向：大科学、大人文、大艺术

● 人居环境科学的理论探索

首先，我要谈到一本著作——美国学者 L. 芒福德（L. Mumford）的《城市文化》。记得 1947 年梁思成先生从美国回来时，曾把我们几个年轻人组织起来，他先讲一遍这本书，我们再翻译，可惜后来没有完成全书的翻译。这本书的前言有一段话给我很大启发，芒福德说：“一个想法是，这个研究领域（指城市）以往始终是由各个学科的专家们从他们各自的角度分别进行论述的，我则想用一种比较综合的、统一的方式来展示城市这个领域；另一种想法是，考虑今后城市社区采取协同行动时的需要，我

需要为此构出一些原则，以便遵从这些原则来改造我们的生存环境。”①

这句话的提出是在 1938 年，在 80 余年之后，我们多少可以有些甘苦自得地说，人居环境科学发展的历程多少初步实现了先驱思想家类似这样的设想，是中国学者基于中国的现实情况所做出的理论探索。回顾人居环境科学的发展历程，我们还是感觉到了学术自信，这也可以说是一个顿悟，就是肯定以前的努力。

● 人居环境科学是一个动态的知识体系

人居环境科学是一个动态的知识体系，其酝酿和发展是从对建筑学的困惑开始，不断摸索，理出头绪，逐步构建知识体系，进而建立理论体系的过程。我出生于 1922 年，对一个世纪以来的社会发展都还有所体察和认知，在此基础之上又有了对未来的畅想、前瞻和预警，从这些大小事件中体会、思考、理出头绪，逐步构建融贯“历史—现实—未来”的知识体系。这个体系也不是一成不变的，而是伴随着生活所提出的问题，经过学习、思考，而不断有新的内容。每个人都可以从不同的起点和经历出发，构建自己的动态知识体系。

人居环境科学虽然已经提出，也进行了一系列理论的研究与构建，并进行了融贯区域、城市、建筑等多个层次的实践，但仍旧需要不断深入的完善、拓展，它是开放的体系，发展到现在并未完全定型。若要普照大地，还需要时间的积累和考验，通过不同地域的试验等来进一步总结。

人居环境科学的三个核心学科“建筑—园林—城市规划”的进一步融合，强化“三位一体”的主导学科群的凝聚力量；对人居环境科学与相关学科交叉部分进行更为具体、深入的研究，促进多学科学术共同体的进一步发展。学术界面对新的发展，做出了种种努力，但单个学科体系的展拓仍不能比较全面地应对时代的需求。

2001 年，我们出版了《人居环境科学导论》，之后经过了 10 年时间，我们又编撰了《人居环境科学进展》，这 10 年还是有很大的进展，因为它是开放的，我们

① 〔美〕刘易斯·芒福德. 宋俊岭，李翔宁，周鸣浩，译. 城市文化. 北京：中国建筑工业出版社，2009.

并不故步自封，而是面向现实问题，对中国社会实践提出新思想、新建议。

从学科发展的历史来看，西方三个学科之中，建筑学的历史最为悠久，从古希腊罗马开始。现代城市规划和风景园林成为独立专业都在 19 世纪和 20 世纪之交。我国自 20 世纪初开始向西方学习，有了近现代的学科划分。建筑、园林、城市规划是社会发展中基础且关键的领域，三者之间有密切的关系，从历版《中国大百科全书》的编撰中也能体现出这一点。1981 年《中国大百科全书》（第一版）在江苏镇江开会讨论学科分卷问题，很多学科内容都被筛选掉了，而《建筑 园林 城市规划》成为重要的一卷，由此可见此三个学科的重要性及三者之间的密切关系。2015 年，《中国大百科全书》（第三版）将建筑学、风景园林学、城乡规划学三个学科联合起来，冠以“人居环境科学”，这是前所未有的创举。这符合学科发展的客观规律和趋势，既顺理成章、水到渠成，又是中国学者对这一科学领域发展的重要推进，也让我们对人居科学未来的发展充满了信心。

● **走向大科学、大人文、大艺术**

西方有一句话叫作设计无所不在（Design is everywhere.），人居环境之中有广阔的发展与创造的余地。我们所从事的中国人居史研究，就可以看到各个时代、各个地区人居建设的不同特点，从国土到区域、城市、村镇，可以说无所不包，每个方面都可以打开创新的局面。

人居环境科学涉及诸多学术领域，要走向科学、人文、艺术的融汇。

科学：绿色建筑、节能减排等技术的研究与应用。人居科学涉及的科学问题极其广泛，生态问题可谓是其中最为严峻也最为迫切的问题，已经关乎人类生存的根本，这些新的挑战也酝酿了相关科学的革新。就人居科学研究而言，需要更多地与相关科学技术相联系，包括节能、减排、生态的保护与恢复等，为能源的匮乏、土地、淡水等资源的紧缺等提供有效的科学对策，并探索某些传统学科改造、发展的途径。

在城乡建设中，宜开展人居科学指导下的城乡空间整治和优化，充分体现生态之修复、生态文明之建设，一方面促进人工环境相对集中，另一方面重整、修复自然环

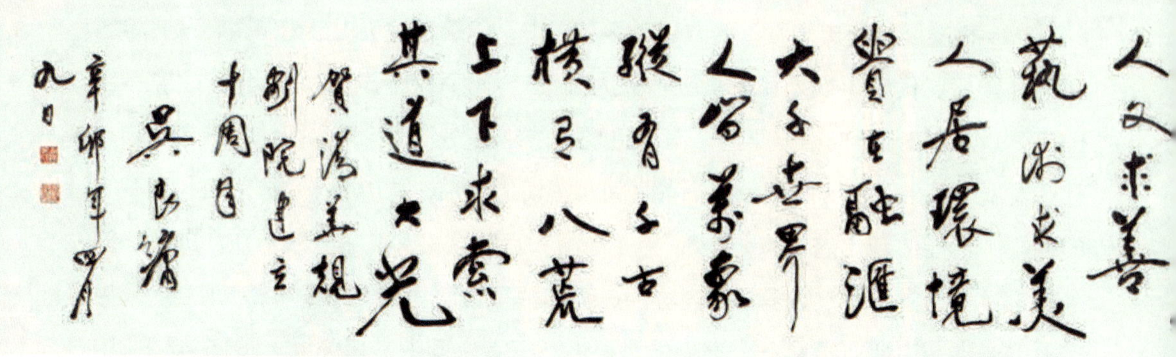

科学求真，人文求善，艺术求美。人居环境，贵在融汇。大千世界，人间万象。纵有千古，横有八荒。上下求索，其道大光。——贺清华规划院建立十周年（2011 年）

境，创造佳美的“山川形胜”，使得生产空间、生活空间中有更多的绿色廊道相间，既保障生态安全，又为人民群众提供休闲游憩的公共空间。宜及早推行国家公园制度与建设，保护城市之间宝贵的绿色地带，避免城镇化无序发展带来的负面影响，以更高的远见与更大的魄力形成全国性的绿色战略体系，实现中国人居环境的可持续发展，绘制美丽中国的精彩画卷。

人文：社会科学的融入、对社会中下阶层的关怀，进一步挖掘、继承中国传统人居文化。中国是一个具有悠久传统的文明古国，中华文化是世界上从未间断且延续至今的文化，在人类文明史上占有十分重要的地位。在中华文明的演进过程中，形成了辉煌灿烂的人居文化，其中蕴藏着丰富的尚不为大部分人所认识的智慧、经验、思想、方法，是一个浩瀚的宝藏。我们开展的《中国人居史》研究是对认知这一复杂系统的尝试，十年九稿，于 2014 年问世。这一研究旨在应用人居科学理论，审视中国人居发展过程中的历史事实和当代中国人居的发展特点与主要矛盾，挖掘人居主要特征及其演进规律，为当代人居建设提供历史智慧。中华民族的伟大复兴必然伴随着中华文化的繁荣兴盛，人居环境是其中极其重要的方面。

艺术：以人的生活为中心的美的欣赏和艺术的创造。人居建设要结合自然山川与

《中国人居史》

人工聚落、要统筹大中小城市至镇村的布局形态。它不只是物质建设，也是文化建设，既要创造物质空间，也要创造精神空间，这就要求人居环境的营建要有高超的美学境界，其中蕴藏着丰富的审美文化。人居环境的审美文化是建筑、书法、绘画、雕塑等各门类艺术的综合集成，蕴含着特殊的复杂性。

宗白华曾问："美往何处寻？"古语有云"道不远人"，事实上"美亦不远人"，美就在我们的生活中，我们所居处的人居环境就是以人的生活为中心的美的欣赏和艺术创造。早在 1932 年，林徽因先生就曾有创意地继"诗意""画意"之后，将建筑赋予人的感情，名之为"建筑意"[①]。宗白华先生亦曾言："一切艺术综合于建筑，而礼乐诗歌舞剧之表演，亦与建筑背景协调成为一片美的生活，所以每一文化的强盛时代莫不有伟大的建筑计划以容纳和表现这一丰富之生命。"[②]

2014 年，在中国美术馆的"人居艺境——吴良镛绘画书法建筑艺术展"将我自 1940 年

① "天然的材料经人的聪明建造，再受时间的洗礼，成美术与历史地理之和，使它不能不引起鉴赏者一种特殊的性灵的融汇，神智的感触"。见梁思成、林徽因 1932 年在《中国营造学社汇刊》上发表的《平郊建筑杂录》一文。

② 宗白华．宗白华全集：第 2 卷．合肥：安徽教育出版社，1994: 258.

2014 年，在中国美术馆举办的“人居艺境——吴良镛绘画书法建筑艺术展”

代起的绘画、书法与建筑作品共同陈列展出，在有限的空间中映射、融合，展现出无言之美。展览谢幕多日后，我细细回味，仍能在思想中领略到其中“建筑意”的存在。多种艺术门类以生活为基础，相互交融、折射，聚焦于人居环境之中，在某一门类中有独到之心得，都可以相应地在人居建设中有所创造和展拓，这可以说是人居科学研究的一个新领域——中国文化特色之人居艺境。

全球性经济危机、社会动荡、气候变化等问题不断涌现，都推动人居环境科学变成大科学，这是非常有前途的科学。它将在未来迈向大科学、大人文、大艺术的大发展方向。

对学科发展的展望

我自 1946 年到清华大学任教有 70 多年，思想上在上台阶，也有所顿悟。可以看到的是，人居环境科学是从建筑学的困惑中走出来，另辟蹊径，即“展拓单一学科—多学科的学科群—淡化学科界限—走向诸多学术领域”。人居环境科学从一家之学到为科学界所承认，再到为国家所认可，如今面临着一个新的开始。

科学研究的过程是理想主义与现实主义的结合。做一个地区的规划就要在现实环境基础下了解当地的历史和自然条件，针对现实问题，对这个地区的未来提出高屋建瓴的意见。古人说：“明者远见于未萌，而智者避危于无形。”一个聪明的人可以预见到未来的发展，从而在规划中对以后发展可能产生的问题加以避免。

我们讲“美好人居与和谐社会共同缔造”，囊括从大的战略决策到具体的技术措施，自上而下的国家层面或者区域层面领导，与自下而上的基层组织实践要结合起来，实现人居环境的和谐发展。在文明发展的进程中有一点是始终不变的——时代需要大思想、大战略、大手笔，社会要进步，人类要追求更加健康美好的生活。建筑学人要善于研究现实问题，有更多的思考和实践。人居环境建设是人类共同的事业，人居环境科学有广阔的发展前途。

以人为本，关怀居住

人居环境的核心是人，是最大多数的人民群众，人居环境与每个人的利益密切相关，人居环境科学是普通人的科学。《尚书》有云：“民惟邦本，本固邦宁。”《管子》亦言：“夫霸王之所始也，以人为本，本治则国固，本乱则国危。”“以人为本”

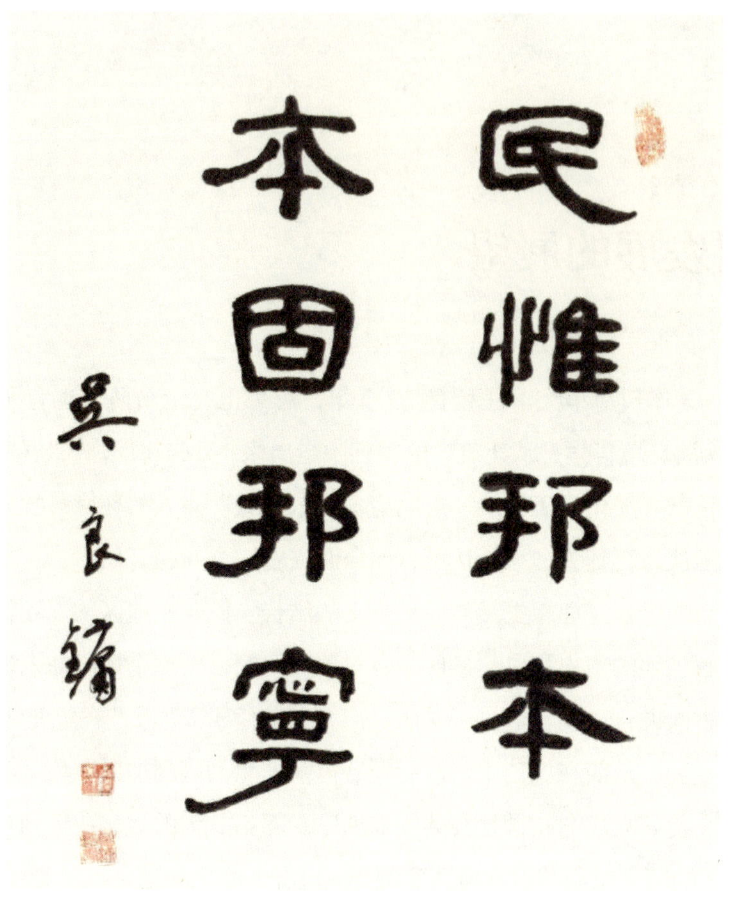

民惟邦本，本固邦宁（2013 年）

是中国传统文化的精华，也是人居环境科学的立足点，宏观层面上，国家战略与区域发展要以民为本；中观层面上，城乡建设要以人民群众的需求为出发点；微观层面上，广大群众也需要一个良好宜人的生活环境。

H. 丘吉尔（H. Churchill）出版的《城市即人民》（*The City is The People*）一书中强调，人是城市的核心，没有人城市就无从存在，应关注基本的邻里规划。1946 年我应邀到清华大学，其间有机会了解到邻里单位的理论，很受启发，当读到《城市即人民》一书时，更是顿然领悟。在学校旁听费孝通先生的《城市社会学》《乡村社会学》课程，又经过多方阅读与思考，我写出了归国后关于城市规划的第一篇习作文章，萌发了“完整社会单位的理论”的概念。

社区本身是一个社会学概念，社区规划与建设的出发点是基层居民的切身利益。在社会整体转型的今天，建设“完整社区”（integrated community）正是从微观角度出发，进行社会重组，通过对人的基本关怀，维护社会公平与团结，最终实现和谐社会的理想。关注的问题有：社区养老问题、残疾人康复问题、青年工作者的居住问题，等等。今天的中国已进入所谓的后单位时代，由各事业单位的“大院”分头负责逐渐转向由社会负责，因此必须丰富社区的内涵，建设“完整社区”，承担综合功能，解决社会问题。

从中国当前的社区发展来看，主要是以房地产开发为主的建设经营模式，市场经济起主导作用。虽然发挥了很大作用，但也存在很多问题。美国学者 C. 鲍尔（C. Bauer）① 早在 1934 年出版的《近代住宅》（*Modern Housing*）一书中指责当时住宅经营为“奢侈的投机”（the luxury of speculative），指出“不好的制度不能产生好的住房，但只有良好的制度也不一定能产生好的住房”，“现代住房是用于居住的，而不是用于谋利的，房屋与社会设施一起作为综合性邻里单元的一部分按照现代方式来进行建造”②。从 20 世纪初到现在，社会发生了巨大的变化，但仍要清醒地认识到市场经济并不是万能的，可以广泛借鉴国际建设“社会住宅”的成功经验，不能盲目遵循美国房地产的发展途径。

在我国，1945 年林徽因即著文论战后住宅，1947 年梁思成提出“住者有其房”是人民群众普遍的渴望。在社会转型的大背景下，我们更要思考如何利用自身的智慧来解决时代的问题，在住房建设中加强社会主义的内涵。在当前快速城市化的过程中，理论上说每增加一个城市人口，社会建设就要责无旁贷地多加一份责任和义务。住房

① C. 鲍尔教授是梁思成先生挚友。1950 年，作者自美归国前去旧金山的加利福尼亚大学伯克利分校拜访她，她专门带作者去参观地区主义建筑理论的重要人物格林兄弟所创作的住宅。

② P. 霍尔（Peter Hall）在《明日之城》中介绍了鲍尔的学术观点。

及社区的多种基础设施建设需要投入更多的力量，但也不是没有新生的萌芽，社区规划还需要积极地倡导，建立良好的居住环境秩序，促进人民安居，这是走向和谐社会的必由之路。

社区和住房问题是关系民众生存的关键问题，也是当今的社会热点问题，目前各个学科领域虽然做了许多工作，但往往缺乏整体的思想，有支离破碎之嫌。需要进行多学科融贯综合的研究，将社区与住房建设置于城市化与城乡统筹发展的宏观背景下来认识，在战略上整合它所涉及的多方面政策问题，在战术上需要在建筑设计、园林设计、城市规划所进行的物质空间规划建设的基础上，融合社会学、经济学、公共管理等领域的科学理论和研究方法，综合探讨住宅设计、环境塑造、生态治理、制度保障、社会组织等各方面问题，以实现良好住房、完整社区和和谐社会的共同营造。

新的时代使命："一带一路"的畅想

2013 年中国国家主席习近平提出了"一带一路"倡议，旨在通过"丝绸之路经济带"和"21 世纪海上丝绸之路"的建设，促进沿线各国经济繁荣与区域经济合作，加强不同文明交流互鉴，促进世界和平发展，造福世界各国人民。这是对"人类命运共同体"的关怀、是"兼济天下"的宏大战略构想，必将开辟新局面，开启新时代。

回想青年时代，在重庆中央大学读书之时我就受到了"丝绸之路"的感召。那时，作为学生在中央大学看到张大千自敦煌归来在重庆举办的展览；常书鸿自法国回国，在去敦煌前也举办了展览；吴作人也曾一度赴大西北；还有朱光潜、宗白华等大家关于敦煌的讲座……

一直到 1980 年代，我获得了对这一区域深入了解的机会。1981 年，我自联邦德国访问归来，阿卡汉基金会与中国建筑学会组织各国建筑学家沿着丝绸之路沿线考察，主题为"变化中的农村居住建设"，一个考察团队从北京到西安，经河西走廊再到乌鲁木齐、南疆地区，直到喀什，得以深入了解了这一区域的建筑与城市发

泉州城的山水格局

展。1984 年，我带领清华大学建筑系的几位年轻教师到西北及东南沿海地区考察，经杭州、苏州到泉州、厦门。泉州正是历史上海上丝绸之路的起点，基于厦门大学庄为玑教授的指导，对建筑与城市历史进行调查，并进一步获得了对这一区域的整体印象。

“一带一路”是中国提出的宏大倡议，也为中国及欧、亚、非相关地区的人居环境发展带来新的挑战。从更宏观的战略来看，我们面临巨大的历史契机，对人居环境的发展而言，将带来新路。在历史上，丝绸之路就不仅仅是一条商业贸易之路，更是东西方在文化、艺术、科学、技术等方面进行相互交流的大动脉。

“一带一路”倡议是一个开放包容的体系，“一带一路”的研究应当是一个开放的系统。从空间上而言，应将视线放在沿线国家，乃至全球网络的大视野；从时间上而言，要向“历史致敬”，亦向“未来拓路”。“一带一路”的人居环境发展也必然是一个综合的体系，在学科领域上不断拓展，在研究内容上不断充实。从经济的发展、社会的繁荣走向整体的美好的人居环境的创造。新的创造不是一天两天，而是以百年为期，可以预见，未来将会实现新的辉煌！

繁荣人居科学，走中国特色的学术发展道路

学术发展是走中国的道路，还是西方的道路，一直没有定论。早在 1914 年王国维在《国学丛刊》序中就曾深切地指出：

> 学之义不明于天下者久矣！今之言学者有新旧之争，有中西之争，有有用之学与无用之学之争。余正告天下曰：“学无新旧也，无中西也，无有用无用也。”
>
> 中国今日实无学之患，而非中学、西学偏重之患。
>
> 余谓中、西二学，盛则俱盛，衰则俱衰。风气既开，互相推助，且居今日之世，讲今日之学，未有西学不兴而中学能兴者，亦未有中学不兴而西学能兴者……故一学既兴，他学自从之。此由学问之事，本无中西，彼鰓鰓焉虑二者之不能并立者，真不知世间有学问事者矣。

改革开放后，大的方向是与西方接轨，学习西方。而根据我们的认识研究，还是要复兴中国传统文化。中国道路与西方道路到底是什么关系，还需要继续探索。我们这个世界丰富无比，正在孕育着更伟大的变革，我们这个社会就像文艺复兴时代所提出的是一个“巨人”的时代。恩格斯在《自然辩证法》中论文艺复兴时曾指出：

这是一次人类从来没有经历过的最伟大的、进步的变革，是一个需要巨人而且产生了巨人——在思维能力、热情和性格方面，在多才多艺和学识渊博方面的巨人的时代。差不多没有一个著名的人物……不在好几个专业上放射出光芒……他们的特征是他们几乎全都处在时代运动中。

每读到这段话总令我热血沸腾，思绪万千。要将中国人居环境建设放到人类文明发展史的背景上，从时代发展的高度看待人居的发展。我们认识到人类正经历着规模巨大、速度空前的人居环境建设，这一进程将深刻而广泛地影响着世界的未来。纷繁的矛盾、复杂的问题和尖锐的挑战，对人居科学理论创建和实践创新提出广泛的课题和紧迫的诉求。2015 年 12 月 13 日，我倡议成立人居科学院。人居科学院的定位是研究国内外重大人居理论和实践问题的公益性学术交流平台，是汇聚各领域相关专家学者的学术共同体。人居科学院旨在研究人居环境建设的科学理论和实践案例，为中国乃至世界的人居建设和城镇化提供高端智库之咨询和科学知识之传播。

今天，我们正面临着一个大时代，我真诚地期望我们的这个时代能多产生这样的人物——21 世纪的学术巨人，迎接中华文化的伟大复兴！这算是一个建筑学人跨越 3 个 30 年的中国人居梦！把握建设美好人居的科学方向和社会追求，美丽人居与和谐社会共同缔造。

創業

第七章 创业

到六十岁以后办研究所的时候，我感觉到相对更加成熟了一点，这时正逢改革开放的伟大时代，从而使我对所从事的学科和事业有了一些领悟和追求。即便如此，所有的成就如菊儿胡同、北京规划等，都不是我一个人做的。

人居环境科学学科理论体系的发展，从历次《中国大百科全书》的编纂工作中也可窥见。在国际上，百科全书是对一个国家科学文化发展最高水平的表述。就《中国大百科全书》（第三版）的编纂来说，在过去几十年探索的基础上，将三个学科联合起来，冠以『人居环境科学』是恰当的。共同编纂人居环境科学学科、完善理论体系，也是顺理成章的，这是一个很重要的推进。

“积渐人居”

迈上四个台阶

我在清华大学的经历可以分为两个阶段。第一个阶段是从进入清华大学到1984年清华大学建筑与城市研究所成立。这一阶段中，从1946年到1966年的20年时间，从事教学和系务；从1978年到1984年，重新开始系务工作，花了大精力把破损的建筑系工作恢复起来。前后加起来共26年。第二个阶段是从1984年清华大学建筑与城市研究所成立到现在，已近40年。这段经历又可以根据研究所的发展情况，细分为四个阶段，其中每个阶段都充满了艰辛，需要克服不同的困难，同时也取得了不错的成绩，因此也可以说是上了四个台阶。

创业维艰

在我1984年卸去系主任之职后，当时的张维校长被任命为新成立的深圳大学校长，他邀约我到深大创办建筑系。我回顾1946年秋来清华大学筹办建筑系，奋斗至今，深知办一个系有多艰难，自己已经没有那么大的精力再到深大了。因此我辞谢了邀请，同时开始着手创办清华大学建筑与城市研究所。研究所起步时非常艰难，为了避免对我原来所在的城市规划教研组的工作造成影响，原来的课题、人员、经费我一律不带，研究所就是半个房间、一张桌子、两个凳子，还有一位本科毕业生杨志中同志任助手和少量研究生协助工作。后来陈保荣同志从香港大学进修归来，愿意在研究所工作，这样就增加了一位年长的教师。当时的经费也非常紧张，只有教育部科研课题“城市结构与形态”的两万元作为开办经费。现在看来这点经费不算什么，但当时申请非常不易。

开创新局面

此后到1980年代末，是研究所开创新局面的阶段。这个阶段完成了两件大事。一件大事是1989年《广义建筑学》出版，后来获得国家教委的科技进步奖一等奖。另一件大事是亚运会工程任务研究，开始时很顺利，国家体委原定亚运会的选址在五棵松，我提出应该集中与分散相结合，集中的应该在中轴线上，其他分散在各区，赛后改作文体中心。当时体委很赞同，邀请清华大学承担此任务。研究生赵大壮对体育有兴趣，也较熟悉，我们就把任务接了下来，投入了很大精力。后来委托方想另建主赛场，作为进一步申请奥运会的基础，要大拆大建。清华大学方案主张以原有的工人体育馆为基础扩建，双方想法不一致，但我们的方案在学术上发展了经

闽海雄风（厦门，1979年绘）

济时空观，之后得到了决策方与建设部的认可，也得到了教育部的奖励。这一阶段我们还从事了一些其他工作，如厦门规划、桂林中心区详细规划等，开创了当时城市规划在区域规划、空间战略研究、控规及城市土地利用规划的先河，逐渐为研究所的工作奠定了基础。

走向国际

这一阶段是 1980 年代末到 2000 年。这期间有三件大事。一是菊儿胡同新四合院住宅工程获得“世界人居奖”。这个奖与现在的世界人居奖不同，它是由英国建筑与社会住房基金会主办，在联合国由当届联合国大会主席来颁奖，仪式非常隆重，这也就是将每年 10 月的第一个星期一定为“世界人居日”，以及颁发联合国世界人居奖的由来。二是与加拿大温哥华不列颠哥伦比亚大学人居中心联合申请的国际合作项目“中加城市化比较研究”，开展了中国的特大城市、中小城市和城镇等内容研究。尽管后来情况发生变化，但还是圆满地完成了这项研究任务。三是 1999 年国际建筑师协会在北京召开的第二十届世界建筑师大会，我为大会准备了会议宪章——《北京宪章》。在距开幕不到一年时间我才接到任务，为了开好会，在世界上发出我们建筑界的声音，我花了大半年时间为会议拟定了《北京宪章》，后将研究成果结集为《国际建协〈北京宪章〉——建筑学的未来》一书发表。国内也有不少人将《北京宪章》与 1933 年的《雅典宪章》、1977 年的《马丘比丘宪章》相比较，说《北京宪章》是新世纪建筑方向的指引，与前两者一样预示了新的发展阶段的开始。当然这也有褒奖之意，我们只是做了应该做的事情。这三件事之后，研究所的工作就与国际接轨了，得到了国际的承认、信赖和荣誉。

除此之外，这期间我们还成功申请了国家自然科学基金“八五”“九五”两个重点项目，开展了“发达地区城市化进程中建筑环境的保护与发展”和“中国人居环境基本理论”的研究。与云南省合作，开展了省校合作项目“滇西北人居环境可持续发展规划研究”，这个研究为云南省申请三江并流世界自然遗产的成功、开展国际合作奠定了基础。

独秀峰（桂林，1978 年绘）

攀登科学高峰

进入 21 世纪，研究所也迈入攀登科学高峰的阶段。研究所以《北京宪章》时开始的“大北京”研究为基础，努力推动京津冀空间规划的研究，在各级政府领导和多个领域专家学者的支持下，完成了《京津冀地区城乡空间发展规划研究三期报告》。这是进入 21 世纪对京津冀区域发展的最早研究，成果得到社会各界的重视。北京、天津市政府由此请研究所团队开展北京、天津城市空间发展战略研究，参加北京城市总体规划修编，并以此为基础，完成了国家自然科学基金“九五”重点项目“可持续发展的中国人居环境的基本理论与典型范例”。

也谈“创业”经验

研究所创办之后，我把“视培养研究生、发展学术为己任，一直在理论上有所贡献”作为对自己的要求。

以发展学术为核心

“广义建筑学”的出现就是反思中国“文化大革命”时期的混乱，在中国建筑方向上探寻出路的结果。从1950年代到1970年代，西方建筑理论有了很大发展，但我国建筑理论却比较封闭，发展缓慢。当时我利用在墨西哥、纽约及欧洲访问的机会思考这个问题。1980年我应联邦德国文化部之聘，任卡塞尔大学（University of Kassel）客座教授，为建筑、园林及城市规划与应用社会科学系开设“中国城市与建筑”联合讲座，得以结识诸多学者，访问了欧洲一些城市与学术机构，开阔了眼界，获益良多。回国后参加中科院“文化大革命”后第一次学部大会，我看到了中外现实及我们的差距，得到这样一个警示：建筑必须要走向科学，要面向中国和世界，否则不仅跟不上时代，也无法在中国立足。国家自然科学基金委员会召开会议，探索土木工程和建筑学的未来发展，意见很分散，我提出了“广义建筑学”的构思，核心的思想就是“要从建筑天地走向大千世界，要展拓建筑学的学术事业”。事后引起清华大学学术委员会的注意，邀我为全校讲演，引起了很大反响。1989年《广义建筑学》出版后，在建筑界座谈会上也得到了意想不到的好评。大家一致认识到，中国的建筑发展需要发展理论，发展中国自己的理论，而中国的理论必须将古今中外的学术经验结合起来。

窗子以外（卡塞尔，1980 年绘）

不断发展理论

学术发展的过程也是理论不断发展的过程，值得一提的是我们承担的国家自然科学基金“八五”重点项目在长江三角洲开展的研究。这个研究是从研究生戴舜松的课题“苏南集镇研究”和左川的课题“长江中下游沿岸城市研究”等开始的，后来获批为国家自然科学基金重点项目，并请同济大学、东南大学参加，从基层做到区域。我们在研究过程中不断获得新的进步，研究取得的最后成果得到了费孝通先生的热情赞赏。后来建设部向国家申报，提出要加快加强发达区域的整体发展研究，并归纳了7条基本原则，这些建议在1996年《科技日报》头版头条刊登。建筑学专业学者提出来区域研究的思想，这一点很值得我们自豪，并为实现我们理论研究的抱负增强了自信，只要我们抓得对，研究深入，就可以冲出学科的边界。以此为开端，我们后来又开展了滇西北、京津冀等地区空间发展研究，并关注了珠三角的发展。

需要说明的是，理论的研究并不是一开始就有一个完整的框架，而是针对现实中存在的问题，不断寻找解决的途径，在此过程中认识到不足，不断追求，不断发展而形成的。

重视方法论

哲学给人以智慧。要提高学习的自觉性，才能减少工作中的盲目性，减少弯路和失败。我的导师沙里宁常说“要重视思想方法”，通过多年的实践，我体会到应强调将城市规划面对的问题和解决的途径视为“普通常识”，并要从“普通常识”提升为“平凡真理”，且努力推进达成“社会共识”。这需要不断提高自己的哲学素养，包括马克思主义唯物论的学习。

科学是要讲方法的，有成就的学者，在科学的方法论方面都具有独创之处。我们回过来看如梁思成先生等前辈学者的成就，他们所走的道路是自己摸索、设计的，前所未有，一步一步都符合方法论的理论，一条红线清晰可见，所以可贵。

我们现在的人居环境科学也在讨论：它的核心、外围是什么，怎样结合整体论与生成论，如何面对复杂巨系统等。这需要不断研究才能在方法论上得到感悟，且在实

“人居环境科学丛书”代表作品

际研究中有所推进。人居环境是复杂的开放的巨系统，开展交叉学科、跨学科甚至融贯的综合研究说来容易，但要做出一些实际成果很难很难。

重视研究生培养

在研究生的培养上，以研究所博士生的论文课题选择为例，每一个课题都大费周折，多与世界形势和学术发展结合紧密。研究所产生了 2 篇全国优秀博士论文，其实应该说是 2.5 篇，三峡研究已经通过了第一轮，可惜在第二轮落选，听说目前建筑科里一共只有 3 篇。我们的研究生着实写了不少好论文，我们将其中的一部分编成“人居环境科学丛书”，这套丛书已经出到 20 本，还有不少好论文有待甄别选入。

研究所为建筑学院及国内外其他机构培养了很多人才，他们毕业后在各自的岗位和战线上做出了杰出贡献，作为教师，我欣慰不已。我个人对于研究生的培养是充满感情的，尽可能为他们创造机会，使他们得到发展，如推荐吴唯佳到联邦德国 G. 阿尔伯斯（G. Albers）大师门下学习，今后研究所依然要注重这一点。对研究生高屋建瓴的专业战略思想培养、严格的基本功训练、严谨的科学态度，以及对人民事业热情的塑造养成等，这些应该是研究所教育的关键。

何必“清华学派”

顺便一提的是，过去追求“清华学派”，建筑学院也希望发展一个“清华学派”。愿望很好，但根据我的认识，没有一个学派是长盛不衰的。前人有句成语“为政在人”，学术团体的兴衰也在人。在现代科学技术、经济社会进展这么快的情况下，学术发展一日千里，只有保持学术精神，不断进行新创造、新发展，才能在新的领域做出新的成就与创新，这个学术集体才能保持不衰，这是我对这些年工作的一点认识，借这个机会来谈谈这个问题，旨在鞭策我们自己不要满足已有的成就。

人居理想

清华大学建筑与城市研究所与人居环境研究中心的理想，和我个人成长、清华大学建筑系的建立和发展，以及后来“匠人营国”的理念等都是一以贯之的，是一条道路、一种理想、一种精神。这个理想和中国前途、中国道路和建筑学术都结合在一起，只不过是随着时间的推移而与时俱进，日益具体，日益深化。

理想主义与现实主义的结合，理想是灵魂，是安身立命之所在，无理想就无研究所。但它必须面对现实，以问题为导向，针对问题求解，这就要有现实主义精神。有理想，面对实际问题才有勇气，敢为天下先，从而提出各种见解，被肯定，就更增加自信。

教学相长

研究所的成就是教与学的结合，是老师和同学共同努力的结果，包括我本人的成长也是如此。如果说我来清华大学以前是学习时期，那么我来清华大学以后参与学院

2008 年，下班回家

的创办和教学，思想、政治素养得到的提高，包括一度赴美留学及归来，就是一个实践时期。到六十岁以后办研究所的时候，我感觉到相对更加成熟了一点，这时正逢改革开放的伟大时代，从而使我对所从事的学科和事业有了一些领悟和追求。即便如此，所有的成就如菊儿胡同、北京规划等，都不是我一个人做的。广义建筑学的提出得到了当时因病休学等待出国的毕业生金鹰的帮助，人居环境科学的提出也跟当时的形势追求有关。这个集体就像一潭活水，教师之间、师生之间，心心相印、精诚合作、团结一致，这种精神今天仍然还在，如学生和老师一起搞人居史研究，很艰苦，尚能孜孜以求、全力以赴，就是这种精神的体现。从我个人讲，经历多一些，思考多一些，问题想得多一些，仅此而已，仍然要共同探讨，教学相长。

国内外学者的交流

研究所始终重视和国内外学者的交流，国内学者如周干峙、林志群等。我与林志群、周干峙相交一直到他们去世，另外还有沈勃、曹洪涛等。国外学者包括我在德国和美国认识的朋友，如德国卡塞尔大学，美国麻省理工学院、哈佛大学、加利福尼亚大学伯克利分校，荷兰代尔夫特大学，意大利罗马大学等学者。我曾经讲学或做客座教授结识的伙伴，到现在都还是我的老朋友。一位加拿大的学者在他最后一次离开中国时，在座谈会上说，他愿意做一个中国人。我在联邦德国讲学时结识的一位地理学家在他逝世前还送我他的新著，我们还通过电话，想到这些我就心酸。对国内外学术思潮的关注、交流和沟通，使得我们眼界比较开阔，很多事情往往得风气之先。

我们也担负了一些国际活动的任务，比如世界建筑师大会的《北京宪章》。记得中国建筑学会提前半年就告知国际建筑师协会要我做这件事，但中国建筑学会可能因为事多忘记了，等到国际建筑师协会执行局一周前要来检查工作才通知我。我为此颇为踌躇，但想到我当过副主席，国际建筑师协会的情况可能就是我比较熟悉，只能硬着头皮去顶。之后，考虑到研究所工作繁忙，我约一名博士研究生一起工作，非常艰苦。我常常只能夜间写稿改稿，放到门口信箱里，第二天凌晨他从信箱中取走整理、琢磨、打印出来，晚上再送回信箱。毛其智料理会务，并且重点邀请了相关的学校参加，发挥了他们的积极性，总算圆满完成了任务。

探索理论体系

在 2001 年，作为学科群的理论支撑，我写了《人居环境科学导论》这本书，又过了近 10 年，理论上全国普遍有所提高，2011 年出版了《人居环境科学研究进展》，这是近 10 年来理论体系的进一步发展，它的核心不仅仅是过去讲的“三位一体”或“四位一体”，而且已经涉及热环境、声环境等其他种种方面。建筑学、风景园林与城市规划也同时位于我国 110 个一级学科之列。可以说，学科发展进入新的阶段，走向更加深入的综合性和整体性。学科在发展，理论也在发展，要面对“双碳”（碳达峰、碳中和）等种种新课题，它已经进入一个“大科学、大人文、大艺术”的范畴。当然要最终做到这一点还要有一段时间，甚至是相当长一段时间，但方向必然是这样的。否则，点点滴滴的科学成就固然有贡献，但跟我们未来的发展、跟中国建筑学科的责任是不相称的。

长期以来，有一种学术思潮提倡科学精神，我认为只有科学精神是不够的，还应该包括人文精神，只有科学技术只是“半个人的世界”。科学精神一定要跟人文精神相结合“产生第三种文化”。这方面说来话长，这里不多说了。要深究人居环境科学，必不能忽视人文精神。

百科全书与人居梦想

1992 年，《21 世纪议程》发表后，对中国建筑事业的发展有了很大的影响，在人居建设方面提出 8 个方面的推进。1993 年，在科学院大会上做了一次题为《我国建设事业的今天和明天》的演讲，提出“要发展人居环境学”（那时候还没有“科”字），《中国科学报》对此进行了报道。1996 年清华大学建筑学院成立 50 周年纪念，我又做了一个演讲，提出建筑、园林、城市规划“三位一体”。

2001 年，“三位一体”在实践中的应用已经很多，包括滇西北、长三角、京津冀等地的规划研究。在这些工作中，我有一个感觉，必须要建立体系，在这个项目上东说一点、西说一点，这样不成体系。因此有了 2001 年的《人居环境科学导论》。当初是较为完整的理论体系，但现在看起来还有很多的不足。

2010 年，人居环境科学作为“原创性重大科学技术成就”获得陈嘉庚科学奖，获奖评语中说：

“人居环境科学以建筑、城市规划与园林为核心，整合地理、生态、社会、工程等相关学科，构建有中国特色的科学体系，丰富拓展了建筑学与城市规划学等学术领域。人居环境科学理论针对建设实践需求，尊重中国历史传统与文化价值，为当代大规模城乡空间建设提供科学指导。吴良镛负责起草的国际建协《北京宪章》，引导建筑师、规划师全方位地认识人居环境问题，为世界人居环境建设提供指引。”

可以说，人居环境科学在长期的研究与实践中逐渐得到了科学界的认可和鼓励。

2012 年，我因对人居环境科学的贡献而获得 2011 年度国家最高科学技术奖，可以说人居环境科学得到了国家的认可。在评审委员会的评审意见中说：

“吴良镛院士是我国人居环境科学的创建者。他建立了以人居环境建设为核心的空间规划设计方法和实践模式，为实现有序空间和宜居环境的目标提供理论框架。人居环境科学是研究人类聚落及其环境的相互关系与发展规律的科学,发展了整合建筑学、城乡规划学、风景园林学等核心学科的方法；针对实践，提出区域协调论、有机更新论、地域建筑论。组织科学共同体，发挥各学科优势；成功开展了从区域、城市到建筑、园林等多尺度多类型的规划设计研究与实践。他先后获得世界人居奖、国际建筑师协会屈米奖、亚洲建筑师协会金奖、陈嘉庚科学奖，以及美、法、俄等国授予的多个荣誉称号。吴良镛院士潜心于教育事业和科学研究与实践，至今仍活跃在科技事业前沿。”

回顾以上历程，是为了说明，建筑学、风景园林、城乡规划的学科进步趋势已经不是单一的一个学科所能全面概括的。可以说，人居环境科学是随着改革开放，随着政治、经济、社会文化发展应运而生的。

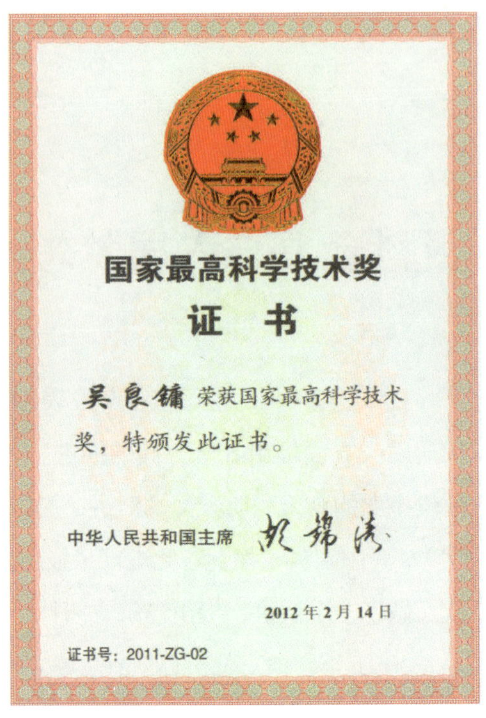
国家最高科学技术奖

证　书

吴良镛 荣获国家最高科学技术奖，特颁发此证书。

中华人民共和国主席 胡锦涛

2012年2月14日

证书号：2011-ZG-02

国家最高科学技术奖证书

2015 年，《中国大百科全书》（第三版）人居环境科学学科编委会第一次会议（含建筑学、风景园林学、城乡规划学）

人居环境科学学科理论体系的发展，从历次《中国大百科全书》的编纂工作中也可窥见。在国际上，百科全书是对一个国家科学文化发展最高水平的表述。在百科全书编纂的过程中，各个学科创建或完善自己的知识体系和学科框架，整理和更新学科领域的新观念、新成就，因此这项工作对学科建设的意义也是重大的。

1981 年，《中国大百科全书》（第一版）在江苏镇江开会讨论学科分卷问题。我作为编辑委员会副主任去参加了，那时候参会的人很多，建筑学界对学科框架的建立讨论也很激烈。我支持后来大会的决议，带头确立建筑学、风景园林、城市规划学三个学科。那时候还没有“三位一体”的说法。《中国大百科全书》（第一版）在 1993 年出齐 74 卷，出版以后在国内外引起了非常大的反响。

在第一版工作的基础上，《中国大百科全书》（第二版）于 2009 年问世，我担任其中“建筑、园林、城市规划”学科主编。这一版本的最终呈现不是按照学科分卷，而是依国际惯例，将所有学科的条目打乱，以汉语拼音顺序排列编纂。在这一版大百科全书中，收录了我撰写的“人居环境科学”条目。

2015 年，《中国大百科全书》（第三版）正式将“人居环境科学”作为一个执行学科，包括建筑学、风景园林学、城乡规划学及人居总论四个分支，这是前所未有的，也进一步显示出这一学科发展的大趋势。我作为《中国大百科全书》（第三版）总编辑委员会副主任委员、“人居环境科学”学科主编，主持了人居环境科学卷的编写工作。

就《中国大百科全书》（第三版）的编纂来说，在过去几十年探索的基础上，将三个学科联合起来，冠以“人居环境科学”是恰当的。共同编纂人居环境科学学科、完善理论体系，也是顺理成章的，这是一个很重要的推进。

2015 年 12 月 13 日，我倡议成立人居科学院。人居科学院的定位是研究国内外重大人居理论和实践问题的公益性学术交流平台，是汇聚各领域相关专家学者的学术共同体。人居科学院旨在研究人居环境建设的科学理论和实践案例，为中国乃至世界的人居建设和城镇化提供高端智库之咨询和科学知识之传播。可以说，人居科学之路是光明的、广阔的。

2018年是改革开放40周年，我作为人居环境科学的创建者获得了“改革先锋”称号，这表明人居环境科学的提出作为改革开放以来的重要成就得到了国家和人民的认可。

2021 年，在建党 100 周年之际，我又获得“全国优秀共产党员”称号。

这些奖项的获得，对我自己而言，是长期的工作获得了肯定，长期研究的理论得到了检验。可以说，我们的工作是持之以恒的，是出于对现实需要的认识，出于多年来对国计民生的关心。奖项的授予是给予我们荣誉，更是给予我们勇气，鼓励我们继续在人居环境科学的道路上奋发前进。各界的肯定给予我们莫大的激励，让我们意识到双肩更为艰巨的责任。与广阔的未来世界相比，我们只是点燃了一支小小的蜡烛，这绝不是自谦，而是实事求是的自我评价。若要普照大地，任重道远。这些还要有赖于广大同行秉持共同的理念，从现实中的问题出发（应该认识到城乡建设的问题很严峻，而且进一步发展也颇为棘手）。就人居环境学术思想，在新的起点上，基于已有基础，积极探求可持续的发展，形成科学共同体，并肩努力，在各自的岗位上发挥不同的作用。

九秩老翁，拙匠迈年，豪情未已，依靠大家。回顾追求人居梦想的历程，无论是百科全书的编纂，还是学科的发展，都不是依靠一两个人就能完成的，而是应当既融汇老成者的智慧，又启迪新生力量的成长。这让我对“明日之人居”充满期待。

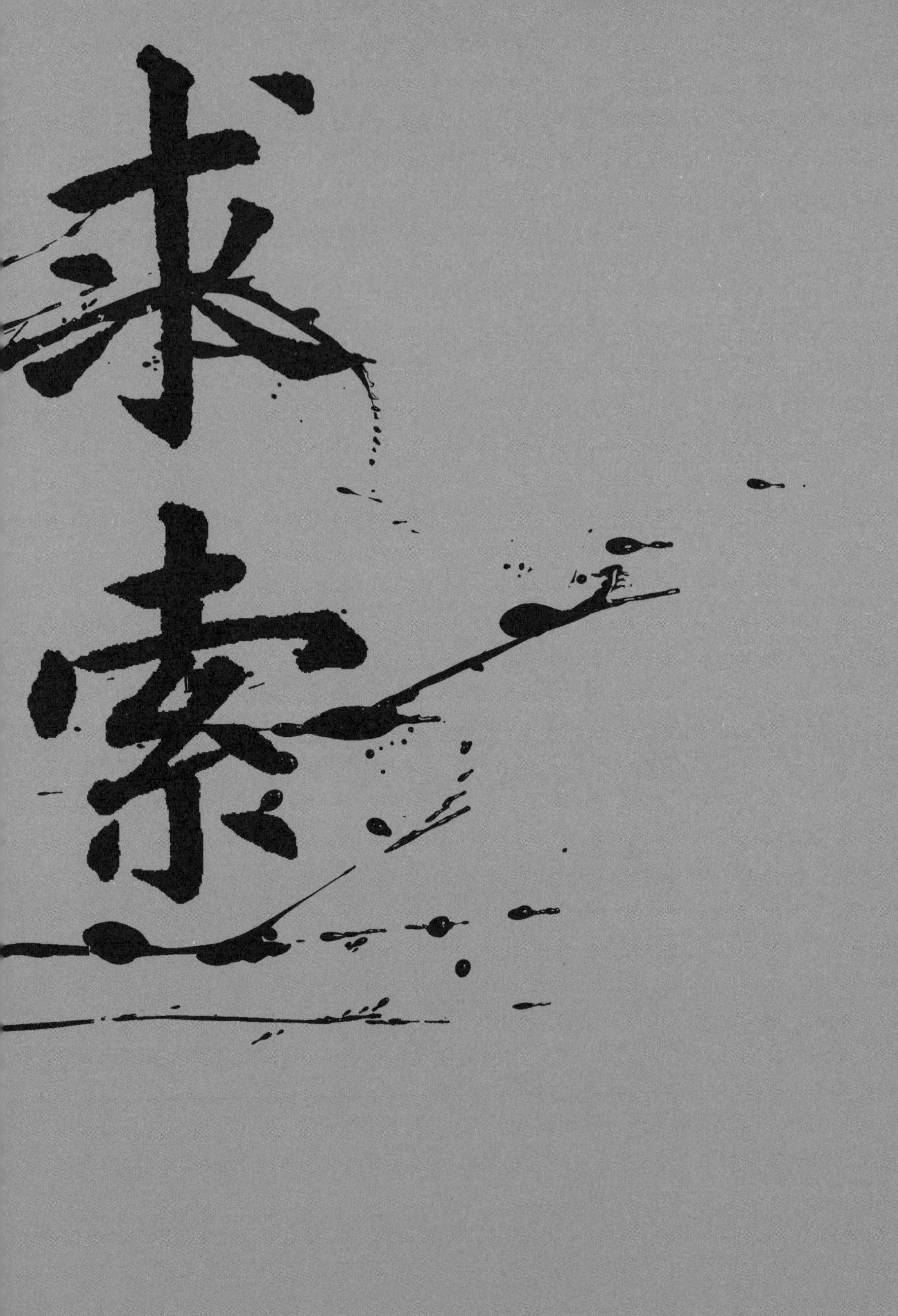
求索

第八章

求索

参加抗日远征军的经历让我明白，行军最好力争赶在前面，尽可能地『先行一步』，即在未经大军踩踏后的道路上行走，比较省力。这一领悟我也用来思考治学、事业。如梁思成先生创办清华大学建筑系在学术思想上先行一步，后来在议论纷纷中，就比较有底。年逾六十，我卸去行政职务后，在改革开放的激励下开办研究所，以及此后的经历，也是『先行一步』的结果。

当然，要在学术上『先行一步』不是像前述行军那么简单，必须有对新鲜事物的敏感，洞悉时弊，胸中负有酝酿，即使未定策划，有所领悟也能先行一步。特别是学术带头人要有更高的要求，他的智慧、学术远见与魄力，敢于『发人之所未发』，同时又必须谨慎、稳妥，不能随便，否则造成混乱，于事无益。

"先行一步"

一个人的一生不能没有理想，立志是人一生不断前进的动力。要思考我这一生到底想要做什么？想要有何作为？有何抱负和志趣？想要从事什么专业？这在中学进入大学时必然要有所考虑，从大学进入研究生时代更需要进一步思考。

立志往往并非一蹴而就，而是伴随着成长的经历、所见所闻所想而一步步顿悟、提升，当然，其中不可避免地会带有一定的偶然性。我之所以选择建筑事业作为一生的追求方向，是与我青少年时的成长经历有着密切关系的。

我少年时，家庭穷困，幸而父母一直支持我们读书、接受教育。当时国家正值内忧外患，我受形势所迫与家人分散，跟随哥哥在战火中辗转求学，最终得以在重庆合川继续中学学业。记得 1940 年 7 月 27 日高考结束的那天下午，合川城遭遇日军空袭，大火一直燃烧至翌日清晨才因降雨始息。我敬爱的前苏州中学首席国文教员戴劲沉及其子遇难。战乱苦痛的经历激发了我重建家园的热望，最终断然选择进入重庆中央大学建筑系学习。以建筑为专业，这又是一个开始。随着自己的成长，感受国家和社会的发展，对建筑事业发展的需求也逐渐加深认识，对它的学习研究也就不断地提高。

在 1980 年代末，我曾陪同前国际建筑师协会主席印度建筑师巴拉[①]在天津大学做讲演。他对青年学生勉励有加，还提到建筑成功的因素是多方面的，并把“机遇”放在很重要的位置。他解释说，一个人毕业后，如果遇上经济不景气、社会不安定，一下子就要荒废几年、十几年或更多的时间，即使有才能，也很难有所作为。

我希望年轻人要立志于学，不要虚度年华。做研究生的机会也是非常宝贵的，年轻时集中精力和时间进行一段研究工作是一生难得的事情。

我自己做研究生的时间尽管只有两年，但这是我进步很大的时期，那时的心得体会至今还不时“反刍”和回味。实际上，很多有伟大成就的学问家往往是在中青年时

① Jai Rattan Bhalla，1975~1978 年任国际建筑师协会主席。

代奠定的治学基础。

闻一多像（1946 年绘）

清华大学出了不少知名的学者，像梁思成、闻一多、陈寅恪等先生，他们的学术成就差不多都是在四十岁以前奠定的。梁先生在 1950 年之后，主要是参加各种社会活动，即便如此，当他坐下来，还是能够写文章，这多少是来自原来有较好基础的作用。西南联大时期战火纷飞，生活很困难，闻一多靠刻图章维持生活，但就在他生命的最后时间，还是做出了很大的成就。再有陈寅恪，著名历史学大师，后来眼睛失明了，在助手的协助下还是照样写书，作为历史学家他总是要考据很多东西，要助手为他查书，基本上可以说出什么东西在什么地方，查出的位置和他记忆中的差不多，这也有赖于他中青年时打下的基础。过去有句话叫“英敏强记”，用此来形容这些学者实不为过。

这些都说明，在青年时把基本功打扎实了，一生都会受用。这就要求年轻人要勤奋，有人称“苦读”。我个人认为，应该是乐在其中，就是说“为学”要充满豪情。“登山则情满于山，观海则意溢于海”①，美学家把这称作“移情”。

① 源自《文心雕龙 · 神思》，意为站在山头上，情感就好像弥漫了山；在海边看海，想象就好像海水一般澎湃。

比如，1950 年代初曾在清华大学执教的吴冠中先生，他那时住在清华大学北院，作画很勤奋，住在他隔壁的邻居曾对我说，经常看到吴冠中先生对着自己的画很长时间一动不动地沉思，真是全神贯注。在戴念慈设计北京图书馆期间，我们经常在一起，有一次我会到他夫人，她说戴念慈“三天都没有说一句话了”，可见其工作之专注。我在随小沙里宁一起做通用汽车公司大楼设计时，经常只能利用晚上时间，把一天的设计草图和他讨论，那时我住在一个小镇，要在晚上 12 时以前赶末班车回去，待第二天早上我回到自己绘画台前时，就看到一大摊烟灰，很多草图摆在我的绘画台上，很难说他是在什么时候就寝的。若没有足够的热情来对待事业，小沙里宁不可能在那么短促的生命中取得那么大的成就。“立志于学”总的讲起来，是要珍惜宝贵的机遇，同时要充满豪情。

道路与方法

谈到为学的道路和方法，各人可以有不同的习惯，各门学科也未必一致，但有些事情能够比较早地意识到还是好的。

比如，对自己要高标准地要求，“取法乎上，仅得乎中”。我在中学时曾读到胡适的一句话，印象很深，他的大意是说“为学好比金字塔，要能宽广才能高”，这也就是中国常说的博大精深。为学基础要宽广，这样塔尖才可能很高。千古学者有不少是多方面的学问家，可以说取得了多方面的建树。我觉得对建筑领域的学习与研究，也应当努力争取可以做到这样。一般来说，建筑涉及的领域是非常广的，对建筑的方方面面都要观察和留心，并有意识地进行思考，这样建筑的学习与研究领域会更宽广，成就也会更大。特别要强调的是，在全球化的大潮下，经济、社会、技术的变革，会不断对建筑提出新的问题与新的可能，不断有新的增长点，不断在边缘和交叉上推进，若没有更高的标准，就不会有从一个领域扩展到相邻领域的勇气。

1981 年我曾在民主德国东柏林建筑家 K.F. 辛克尔（K. F. Schinkel，1781~1841）亲手设计的博物馆中看到为纪念他 200 周年诞辰而举办的盛大展览，展品包括他的设计手稿、模型、渲染图、雕塑作品、油画作品（含大幅画创作）、建筑速写、建筑想象画、家具、工艺美术设计及教材等，布满了两个大厅，这样多的作品竟出自一个人的手笔实在令人尊敬和折服。1987 年适逢伦敦和巴黎分别举行勒·柯布西耶诞辰百年展，我有幸能在当地躬逢其盛，感叹于一个人一生竟可在建筑、城市规划、绘画、雕刻、工艺美术、汽车造型设计等如此多的领域有这样宽广的涉猎，并且无论在理论与实践上都有创造性的发挥，所有这些都可以说是一个重要的财富，给后世学者以极

塞纳河上远眺巴黎圣母院（1987 年绘）

大的鼓励与鞭策。这些展览说明，一个人可以进行多方面的探索，这有助于从中相互启发，另辟蹊径。

再比如，要系统地吸取知识。知识不在于量的堆集，重要的是要把分散的、纷繁的知识系统地融合起来。我认为做学问也要及时地、不断地把自己的思想形成体系，并随时打破、修正并充实自己的体系。中国有句话叫“开卷有益”，当大体有了一定的体系后，我们看到任何一本相关的书，都会把新吸取的知识放到新的体系应有的位置中去。这样我们才能逐步充实认知，也会不断发现自己知识框架中的缺陷与不足，追求新的发展。

学习与创造

学习与创造两者是不可分的。要明白大的方向性问题，努力探索当前的学术道路并给自己定位，确定努力的方向。齐白石对他的弟子讲：“学我者生，似我者死”，这是说要创造性地学习。处理大的问题本身就需要创造，要有开阔的视野，不要迷信权威，即使是大师，也会有其局限性。

具体到建筑领域，任何一栋建筑总存在于不同的地区、不同的条件、不同的环境、不同的文化背景中，正因为如此，R. 厄斯金（R. Erskine）研究在寒带如何避风等问题，C. 柯里亚（C. Correa）则在印度的热带气候条件下，研究如何利用开敞空间发展露天建筑（open to sky architecture），杨经文（Ken Yeang）则在马来西亚发展他的生物气候学建筑。这些都是在特定的功能、技术、经济条件下的创造和发展，包括艺术形式的创造也是如此。而不能用一般的方法、一般的理论、一般的学派、一般的手法来处理建筑。我认为，通过对建筑各种不同条件和情况的分析，得出一定的理念，并采用特殊的解决办法，这本身就是创造。《礼记·中庸》讲“博学之、审问之、慎思之、明辨之、笃行之”，就是在其中找出自己的创造性道路来。

做学问无外乎继承和发展，要继承前人，但更重要的是独辟蹊径，寻找新的增长点。要用探索新道路的勇气做学问，除了要注意系统吸取知识外，同时还要注意避免进入学术的误区。有时这也是很难完全避免得了的，这就要尽早迷途知返。每走一个阶段，要回过头来反问自己、检讨自己走过的道路，探索新的途径。中国建筑界从 20 世纪 50 年代起先热衷于民族形式，1959 年后讨论社会主义新风格，有比较具有代表性的文献，但没有什么突破性的发展和结论。“文化大革命”以后，流派兴起，许多外来

创新（2013 年）

东西可以知道、可以参考，但要心中有数，我认为无须掉到某一流派中去。况且，各种流派既有好的作品也有坏的作品，流派自身也在不断发展。建筑的本质还是要盖房子、盖好房子，要创造更好的生活环境，要根据具体情况来解决问题。此外，也要根据不同的问题探讨不同的道路，没有一种流派可以把各种问题全部概括在内。所以我认为，一方面是不能不了解西方，另一方面还要重视本国本地区特殊问题的研究。要读书，但不能放开现实问题，特别是现实的难题，更能激发我们的创造性。

师从与择友

良师益友在一个人成长过程中会起到重要的影响。我在求学的各个阶段都有幸得良师指点，这是人生一大幸事。1940 年我进入中央大学建筑系后，师从我国建筑领域的先驱鲍鼎、杨廷宝、刘敦桢、徐中等诸位先生；1945 年自云南抗日战场回到重庆，又幸得梁思成先生赏识，获邀参与协同创办清华大学建筑系，其间多得梁思成、林徽因先生等言传身教；1948 年经梁先生推荐赴美求学，师从世界著名建筑大师沙里宁，学习建筑与城市设计，获益良多。

除了诸位良师，还有诸多益友堪称榜样。数学家冯康（1920~1993）因独立于西方系统地创造了求解偏微分方程问题的有限元方法而享誉学术界。20 世纪 40 年代初，他与我同在重庆中央大学求学，1946 年又同到清华大学任教。他原本在电机系，后转学物理，又发现对数学感兴趣而转到数学系。数学的专业我不了解，但是可以从生活的其他方面谈一谈对他的认识。冯康一度喜爱音乐，为此他搜集了很多音乐唱片，并将图书馆中有关古典音乐的著作借出来，逐一阅读，这体现了他即使在业余爱好上也拥有钻研而又广博的科学精神，在各方面日渐渊博，触类旁通。冯康最终成为有限元方法的创始人之一，获得国际瞩目，与这种科学精神不无关系。

植物学家吴征镒是 2007 年国家最高科学技术奖的获得者，我在 1940 年代就与他在清华园中结识。当时，我们共同居住在工字厅，隔院窗口相对。他的公开身份是民盟成员，在 1947 年清华大学纪念闻一多被害一周年的纪念会上，他慷慨陈词、鞭笞时局。我后来参加“教联会”的工作，与他多有往来，才初步辨明时局。吴征镒实际上是当时清华大学学生运动的领导者，后来去了解放区，中华人民共和国成立前夕

海淀镇外（北京，1947 年绘）

代表党组织接收清华大学，并参与中国科学院的筹备等。如果他将这些工作做下去，可以成为优秀的领导，但是他选择回到昆明，继续从事植物学研究，主编了《中国植物志》等权威著作。他参与了革命运动，最终还是回到自己的学术抱负上，取得了巨大的成就。

冯康、吴征镒等友人在为学、为人、为事中给予我心灵上的感染，令我敬佩不已。建筑与规划专业内的益友更多，在此不再多举。

以上主要讲良师益友的重要性。关于师生关系，我执教多年，颇有些切身体会。韩愈《师说》有云："师者，所以传道授业解惑也。"这是老师最基本的职责。同时，他还有两句话或许未引起太多注意，即学生也可以超过老师——"弟子不必不如师，师不必贤于弟子"。这两句话无论对教师和学生都非常重要，在学生刚入学时，老师可以发挥比较大的作用，进行启蒙、指导与引领。若干年后，学生的学识能力不断发展，便不只是师生关系，而是学术事业上的战友、同道。

以我自己的经历为例，有件事值得一提，1999 年国际建筑师协会第二十届世界建筑师大会在北京召开。我被委任科学委员会主席，负责起草大会文件。这一任务匆匆落在我身上，当时时间紧迫，又有其他任务，助手中只有一名地理学出身的博士研究生可以帮忙。当时的工作情况：我每天清早将晚上写好的稿件交给他，由他在白天整理，晚上他再交给我，我继续在深夜赶稿。如此往复，终于形成《北京宣言》。这一文件获得大会一致通过，并认为超出了“宣言”，被定名为《北京宪章》。这也是国际建筑师协会自 1948 年成立至今唯一通过的宪章。这件事说明师生可以在重大课题中合作，教学相长，成为共同战线的挚友，推动学术的发展。这名曾协助我的博士研究生，现在也已经成为清华大学教授、建筑与城市研究所的副所长。

选择与坚持

一个人的一生不知要走过多少“十字路口”，一个弯转错了就很难回到过去的志愿，因此道路的选择至关重要。人生中有太多太多的机遇、变迁，甚至有无限的偶然性。国家的发展、社会经济的变迁，乃至家庭中的细小问题都会引人转向，甚至改变一个人的命运。

回顾我的经历，有几次重要的“十字路口”：1948 年我经梁思成先生推荐赴美国匡溪艺术学院求学，1950 年学成后，应梁、林两位先生的召唤，力辞种种诱惑，辗转回国，投身到百废待兴的祖国建设和教育事业中。现在想来，如果当时留在美国，便没有此后几十年在中国建设领域中的耕耘和收获。1983 年，我从清华大学建筑系主任的行政岗位上退下，当时深圳大学张维校长邀请我前往深大创办建筑系，我婉拒了他的盛情，坚持和一名助教在半间屋子、一张书桌、两个坐凳的条件下创办了清华大学建筑与城市研究所。如今已近 40 个春秋。这些年中我与研究所的同志们共同开展了一系列人居环境科学的研究与实践。当时若前往深圳，今生后期的工作则又会是另一番光景。

类似的情况一个人一生不知要经历多少次。回顾过往，我自审之所以没有“转错”大方向，很大程度上还是与早年“立志”相关，我很早便立志在建筑与城市的学术领域做一些事，在不同时期，根据现实条件，做出相应的选择。

与此同时，人生的道路上不可能一帆风顺，遇到困难是坚持还是退却？就我个人的经历而言，不论是年少时读书求学，还是年长后的研究与实践，几乎处处都有需要面对的困难，也难免遭遇挫折。年轻人很容易受到挫折的影响而气馁，这里希望与大

夏云（美国，1949 年绘）

家以宗白华之语共勉："不因困难而挫志，不以荣誉而自满。"要立志、要选择，在选择的道路上更要有不惧困难的坚持。

还有一个非常重要的问题，即思想道德修养，限于篇幅难于在此处多讲。思想道德修养方面，不同的人有不同的境界，无从强求一律。但我深信，思想道德修养能够引导人进入更高的治学境界。建筑归根到底还是为社会服务，为大众创造一个美好的生活环境服务。因此，建筑是致用之学，不能"游戏建筑"，如果这样就是忘记了建筑的崇高目标。此外，还得看到当前城市建设的现实问题、居住的问题等激发自己的思想情感，立志找出一条中国自己的道路。治学要把"为学"和"为人"紧密结合起来，要把"求学"和"求道"结合起来，"求道"是一种目标和使命。各行各业都有其道德标准，都包含有以一种非常严肃的态度来对待各专业问题的追求。

探索中国人如何能有一个更好的居住环境，能够更好地生活、学习、研究和工作。这是我们庄严的责任，也是我们应尽的义务。当下，很多有志向的同学都"向往大师"。在我看来，能够做到了这一点，才是理所当然、当之无愧的大师。

志存高远，身体力行

回顾自 1931 年东北沦陷至 1945 年滇西前线归来，国破家亡，我未忘祈求以一己专业所长报效国家与社会。一方面，积极地对待生活，虽然有甘有苦，甘苦自得，但也苦尽甘来，看到了国家从忧患走到了自强，应对了这么多困难，发展到庆祝中国人民抗日战争暨世界反法西斯战争胜利 70 周年，中华民族扬眉吐气。但另一方面，纵然国家取得如此的成就，亦亲眼看到如今还是问题重重，不能掉以轻心，不能气馁。回顾一生，律己应严，宽厚爱人，尊重别人才能赢得别人的尊重，帮助别人才能赢得

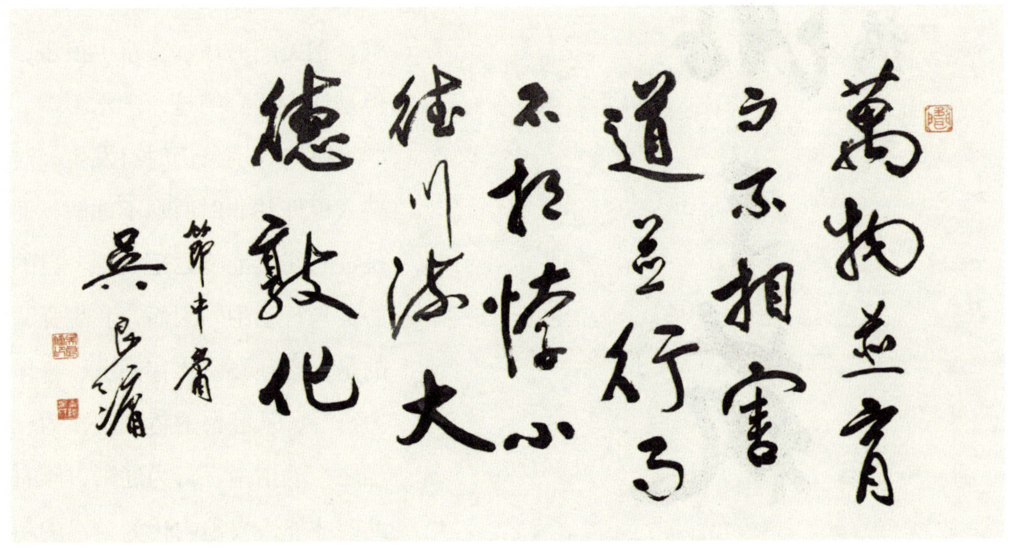

《中庸》节选

志于道，游于艺（2014 年）

别人的帮助，自己受到过伤害，但告诫自己绝不能伤害别人。我人生近百，但仍然不懈追求，追求国家富强、社会和谐、环境健康、人民宜居。

回过头来写以往的事真是煞费苦心，一点一点回忆事实大体轮廓，虽为自述，主要记 20 世纪到 21 世纪的人和事、成长和困惑，它更是为后来人写的。对于青年学人，我认为他们在理性上对科学道德、科学伦理等似乎不难理解，关键在于身体力行。现在社会舆论的各个方面对于科学道德和学风建设的宣传屡见不鲜，相关的书籍、文章也很多，但是让人痛心的是，学术不端、学术腐败等现象仍时有发生，这些人也许并非对道理不理解，而是没有切实地将之落实到一己的心灵与行动中。因而，我想强调的是，必须要“志存高远、身体力行”，从经典的哲理转化为一己之行动指南、行为通则，唯有此，才能慢慢地内化为自己的精神财富，并且会在逐步顿悟中加深体会，并不断加强信念，持续前进。

我虽已近百岁，仍要求自己以一种积极的精神面貌面向未来，随着年龄日增，必然有些事情由于体力不及等原因已经做不了，但是依然觉得当前正面临着一个大的时代，未来有无限的生机和激情，促使自己力所能及地不断探索广阔的学术新天地，建设美好家园、美丽中国。愿与广大青年学人一道共勉！

附 录

我所理解的吴良镛先生和人居环境科学

周干峙
（1930 ~ 2014）

中国现代城市规划师，中国科学院院士、中国工程院院士。
1952 年毕业于清华大学建筑系。
本文为周干峙在 2002 年吴良镛学术思想研讨会上的报告，略有修改。

吴良镛先生学术思想的基本特征是科学和人文的结合。他一直讲建筑是为人的，解决人的生活环境与自然的协调是我们的学科的最根本目的，也因而必须要有科学技术和文化艺术两种基础。

吴良镛先生学术思想集中表现在人居环境科学。吴先生有两本专著最代表他的思想，一是《广义建筑学》，一是《人居环境科学导论》。这两本书奠定了人居环境科学的学术框架。

在借鉴希腊学者道萨迪亚斯的人类聚居学理论的基础上，吴先生把人居环境内容分为五个大系统，即人、自然、居住、社会和其他支撑系统等。根据中国的实践把人居环境分为五个层次，即建筑、社区、城市、区域、全球五个层次。他还明确了处理这些问题的五大原则，包括生态观念、经济观念、科技观念、社会观念和文化观念。他认为人居环境科学主导的专业就是广义建筑学，包括传统的建筑学、城市学和地景学（通常叫风景园林）。

人居环境学科的发展有它自己特定的轨迹。同其他学科的发展一样，都是有一个基础，逐步伸展，逐步系统化，逐步完善。中华人民共和国成立初期，我们的很多学科是分散和孤立的，彼此之间没有联系。当时，建筑师有句口头语“我是建筑师，不懂城市规划”；而一批年轻的规划师也普遍认为，我们是城市规划师，不搞单体建筑，认为这是理所当然的事情。现在非常明显，在很多工作中孤立地谈论建筑、道路、市政问题，哪个问题都解决不了，哪个问题的解决都离不开城市或区域这个整体。

吴先生通过总结历史的经验和中国的实践提出的人居环境科学，从传统建筑学扩展到广义建筑学，再到人居环境科学是符合科学发展的规律。如今我们的规划设计工作已经相互交叉、融会贯通、相互集成，多学科已经联系起来。实践证明，这样的融贯、集成避免了许多决策的失误，所带来的经济、社会和环境效益是不可估量的。

建筑科学的这种发展规律也同样存在于其他学科，譬如生物学就是这样不断发展的。过去主要研究动物、植物的生物学，现在已经演变成生命科学。它是从更大范围、更高层次上解决客观实践摆在我们面前的问题。过去的邮电通信，现在也已经发展成为信息科学。这种发展趋势完全符合普遍的规律，即系统工程学的发展规律。

人居环境科学有非常严密的构架。从横向看，人居环境科学的居住形态还包含了乡村聚居形式，从乡村建设到城市建设；从纵向看，就是建筑学、城市学、人居环境学；从基础专业的角度，吴先生提出在建筑学、规划学和地景学的基础上又加上建筑工程学，这四大部分构成广义建筑学。作为人居环境科学的基础专业。很显然，明确这些关系对于我们的实际工作是具有指导意义的。

学术思想是我们实际工作的基础，具有先导性。学术问题解决了，很多实践问题就可以随之解决，实践中发现的问题又可以推动学术的进一步提高。这是我们多年来工作的体会。

从我个人的工作体会看，吴先生提出的学科结构是符合实际的。无论从广义建筑学，还是人居环境科学来看，主要离不开四大分支，或者叫一级学科，下面还有二级学科，二级学科下面是学科专题，学科专题又包含很多课题，课题里面又有各种影响因子。这个金字塔式的系统非常庞大，包含的因子是海量的，复杂程度是极高的。虽然关于学科的框架，甚至于名称还有讨论的余地，学科也在不断发展中。但至少到目前为止，大的框架是明晰的、清楚的。这些学科之间的相互关系，在实际工作中不断地得到反映，我们的工作和队伍建设都离不开这个大系统控制的规律。认识这个问题，发展这个学科体系，对我们认识世界、推动发展，意义深远。

吴先生的学术思想还有以下几个特点。一是讲究务实，他总是针对问题，着眼实际，讲其他学科能懂，一般人也能懂的道理；二是注意系统性和复杂性，他惯于从事物的整体着眼，从系统的高度思考，而且完全估计到系统中的复杂性因素，因而他工作的包容性、综合性很强，学科的多义也得以实现；三是富有前瞻性和创新性，吴先生的思想中一贯没有把自己的观点和学说固定不变，有鉴于我们面临的问题层出不穷，他不主张把人居环境科学的框架固定死，他出版《人居环境科学导论》而坚持不叫“人居环境学”，在构架学科内容时，特意留有许多的空白，是具有远见的。

一个学科的形成不是光凭想象就能完成，不是靠灵机一动即能产生的，必然要经历大量的实践，特别是这样一个大学科，必然要求有大量的实践来检验，而且必须经过不断实践才能不断完善。可以说，到现在为止这个过程也没有完全完成。我们国家 50 多年的实践是一笔宝贵的财富，产生这样的成果是靠我们自己的发奋努力，是基于我们自己的国情和实践。今天吴先生在《人居环境科学导论》还对道萨迪亚斯的人类聚居学做了介绍，但只要比较一下就可见，吴先生的人居环境科学的思想已经远远超过了道萨迪亚斯的思想。这是我们历史经验的积淀，是我们国家的宝贵财富。

令人高兴的是，我们在实际工作中越来越多地开展发展战略研究，越来越多地开展区域规划和城镇体系规划工作，还有如概念规划、城市设计、环境设计等，都在越来越多地体现整体观念和系统思想，这就是人居环境科学思想。吴先生的人居环境科学思想也已经体现到国际学术活动上。国际建筑师协会第二十届世界建筑师大会上通过的《北京宪章》，就是一个重要的体现。

凡是学科的发展，学术思想的发展都离不开代表人物，作为理论的创建者和推动者，在这个过程中吴先生的贡献是巨大的、突出的。作为历史进程，在城市和建筑方面，中华人民共和国成立初期是梁思成先生领头，他从传统的建筑学首先提出要有营建的思想，当时的清华大学建筑系改成了营建系，从建筑到营建，后来发展到要解决体形环境问题。其后就是吴先生在这方面继续发展，由传统的体型环境到广义建筑学，再到人居环境科学，很显然，梁思成先生和吴良镛先生就是中华人民共和国成立 50 多年来，建筑科学、城市科学、人居环境科学的代表人物。这一点吴先生可能不会同意，包括本次会议的名称叫作吴良镛学术思想研讨会，他都不同意。他是出于谦逊，但这不是一个人的事情，确立和宣扬人居环境科学是为了国家的利益，有了成就也不完全是个人的成就，我们以吴先生取得的成就为荣，这是事业和国家的荣誉，是事业和国业的需要。

最近有专家研究认为，人类的寿命将有显著增长，平均寿命延长以后，生命将分两个阶段：第一阶段是六十岁以前，其中只有 30 年的为社会工作的时期；第二阶段是六十岁以后，也含有 30 年的工作时期，同样对社会是意义重大的。所以，吴先生的退休不是意味着 “退”，而是意味着 “进”，而且向着一个更高的起点。就人居环境科学来讲，应该由发展趋向于成熟，然后达到翱翔于 21 世纪上空的新起点。我们应当既祝吴先生健康长寿，又祝吴先生更高地带领我们业内人士，把人居环境科学这项经天纬地、图画江山之业推向新的制高点，为国家做出更大的贡献。

吴良镛先生的求索

傅熹年
（1933～）
中国建筑史学家、文物学家，中国工程院院士。
1955年毕业于清华大学建筑系。

吴先生这部自传，既是吴先生一生奋斗的经历，也反映了随着国家建设发展，吴先生综合国内外先进学说，中西交融， 推动建筑学全面深入发展，走向世界先进行列的科学进程，是巨大的学术成就。从聚居论，发展到广义建筑学，提出建筑学应当包括人、建筑、自然、社会等复合的社会现象，并深化了对建筑学的认识，使它与人居、社会、国家建设等联系在一起， 拓展和深化了建筑学。以后在这个基础上，逐渐发展出人居环境科学，更加适应我们国家建设发展的需要，撰成《人居环境科学导论》，反映了我国改革开放以后，伴随大规模建设，在理论与实践结合方面的极大提高。随后在这个基础上进一步发展，继续把建筑史、城市史、人类史三方面合并进行研究，推动了学科深入发展，完成了《中国人居史》的研究和撰述，反映了在这方面的技术和创造。

除了在学术研究和理论创新方面的几大工作和创新成果外，在实践上，吴先生也做了大量的工作。著名的北京菊儿胡同改造工程反映了吴先生在北京城建筑文化遗产保护和创新上倾注了大量的心血。此外，孔子研究院、江宁织造博物馆等的规划设计都独具匠心，反映了吴先生在理论与实践结合上也投入了大量的心力，在传统与现代的结合上树立了典型的榜样。

正是由于吴先生在理论和实践上取得的重大成就，得到同行和学术界的公认，最终获得国家最高科技奖，得到国内和国际的公认，为建筑界理论与实践结合树立了榜样，这是值得我们深入学习和领会的。“路漫漫其修远兮，吾将上下而求索”，反映了吴先生一生的勤奋追求。借此机会，我也向吴先生致敬。

潜水观鱼乐

吴冠中
（1919 ~ 2010）
中国当代画家、美术教育家。
1953 年到清华大学建筑系任教。

画廊、画展、笔会、博览会……前后左右，处处能碰见伪劣假冒的图画罗列，我于此如见鱼群都浮出了水面的景观，有的鱼已翻着白肚皮。鲜活之鱼原在水中，今日有缘潜水观鱼乐，水中天地宽，宁静透明，予人美的享受，心情为之净化。以上是我看了吴良镛兄 60 余年来绘画作品结集的感触与感悟。

20 世纪 40 年代初我在嘉陵江畔的国立重庆大学建筑系任助教，教绘画课，听说中央大学建筑系的高才生吴良镛画画得特别好，同居沙坪坝，近在咫尺，惜无缘相识。50 年代中我调入清华大学建筑系，当时梁思成任系主任，吴良镛任系副主任。我看到了梁先生在罗马画的水彩画，但吴良镛的画仍极少示人，只见过一两件，给我的印象是感觉很敏锐。他忙建筑业务，很少作画吧，可惜了，我想。不意今日白头相对时，他捧出数十年来所作数百件素描、水彩、水墨、书法。分明这是一个老画家的终生收获，谁能信却是建筑师的业余之作！在他斗室的展示中，雄辩地说明建筑与美术基因之不可分裂。

良镛兄作画，观察精微，表达准确，敏锐的感觉中仍不放松理性的刻画。有人提倡尽精微而后致广大，我不以为然，尽精微未必能致广大，相反，兢兢于精微往往破坏全局之广大，谨毛而失貌。必须在致广大的控制下尽精微，有时广大的气概甚至排斥精微。当然，既广大又精微的作品还是不少，吴良镛着眼于致广大而尽精微，就是说在整体统一的主调中刻画局部的完美。线描中，线便于勾勒详尽，他在详尽的勾勒中赋予线以疏密有致的腔调及纵横交错的情趣。他娴熟于水中作业的水彩，既掌握住色调之和谐，又于和谐中描写具体物象而不失其抒情性。

吴良镛先生的作品雅俗共赏，他在美国求学的时代虽开过画展、售过作品以辅助学习，但他并非鬻画为生的职业画家。他作画缘于感情的驱动，是陶醉、忘我，因而抓紧一切间隙而不知疲劳。看作品，一目了然，作者不张扬，潜心于与自然的交融，绝非想制造一种惊人之举，也正因这样，他获得了观众与读者的共鸣、对话。我看腻了各式各样装腔作势假面舞会式的画展，面对似乎貌不惊人的老友之作，真是促膝细谈的良机。人生短，艺术长，半个多世纪的沧桑，我们反倒不知从何谈起，从何结束，匆匆，他继续为建筑事业去奔忙。

大科学·大人文·大艺术

吴良镛年表

1922 年

农历五月七日，出生于江苏南京老城南门西地区的谢公祠 18 号。

1929 年

读私塾。

1930 年

入荷花塘小学，读二年级。

1935 年

入南京钟英中学，读初中。

1937 年

7 月，初中毕业。

9 月，考入镇江中学，读高中。

南京沦陷，随兄长吴良铸经武汉至四川。

1938 年

春，入重庆合川国立二中高中部。

1940 年

高中毕业，考入中央大学建筑系。

1944 年

4 月，水彩画《山边小村》入选在重庆举行的第二届全国美展，后应邀赴新疆展出。

5 月，被征调至滇西抗日远征军第二军第九师，任美军联络组译员。

1945 年

发表《释“阙”》。

参与战区文物保护工作。

8 月，日本投降，入中央卫生实验院，任技术员，编写《医院建筑手册》。

1946 年

参与修缮南京中央医院大楼等建筑。

经梁思成推荐，被聘为清华大学助教。赴北平，参与创办“清华大学建筑工程学系”。

《广义建筑学》再版，《曲阜孔子研究院》《金陵红楼梦文化博物苑》出版。
指导福建省平潭综合实验区规划。
6 月，获陈嘉庚科学奖。
10 月，参观上海世博会。
在世博会高峰论坛 · 平行论坛上发表题为“完整社区与和谐社会”的演讲。

2011 年

6 月，康复后，赴广东省云浮市，形成《云浮共识》，号召“美好环境与和谐社会共同缔造”。

2012 年

2 月，获 2011 年度国家最高科学技术奖，在人民大会堂由国家主席胡锦涛颁奖。
4 月，第二届人居科学国际论坛召开，做题为《科学发展议人居》的主旨报告。
在清华大学举办“吴良镛人居环境科学展”和“吴良镛书画展”。

2013 年

10 月，第三届人居科学国际论坛召开，做题为《新型城镇化与中国人居科学发展》的主旨报告。
获“中国风景园林学会终身成就奖”。
获“中华艺文奖终身成就奖”。
专著《明日之人居》《京津冀地区城乡空间发展规划研究三期报告》（合著），以及《南水北调中线干线工程建筑环境规划》（合著）、《“北京 2049”空间发展战略研究》（合著）出版。

2014 年

8 月，发起创建中国城市百人论坛，在中国美术馆举行“人居艺境——吴良镛绘画书法建筑艺术展”。
10 月，专著《中国人居史》出版。
11 月，在国家博物馆举行的“匠人营国——吴良镛 · 清华大学人居科学研究展”上做主旨报告。

2015 年

任《中国大百科全书》（第三版）总编辑委员会副主任委员、“人居环境科学”学科主编。
创建人居科学院。
荣获中国人民抗日战争胜利 70 周年纪念章。

2016 年

10 月，在清华大学举办第六届人居科学国际论坛，做《人居科学之道》的主旨报告。
为疏解首都非核心功能集中承载地规划提供咨询。

2017 年

1 月，获第三届“首都杰出人才奖”。

2018 年

12 月，作为“人居环境科学的创建者”，获中共中央、国务院授予的“改革先锋”称号和“改革先锋”奖章，参加在人民大会堂举行的庆祝改革开放 40 周年大会。

2019 年

10 月，在中国城市规划年会学术对话上做“人居与高质量发展”视频讲话。
12 月，在清华大学召开的中国城市百人论坛冬季论坛暨人居科学院 2019 年会上做题为《人居高质量发展与城乡治理现代化》的主旨报告。

2020 年

10 月，出席中国城市百人论坛 2020 年会。

2021 年

3~5 月，“国匠：吴良镛学术成就展”在清华大学艺术博物馆举行。
7 月，获“全国优秀共产党员”称号和“光荣在党 50 年”纪念章。

2022 年

5 月~6 月，“金陵瑰宝，国之巨匠：吴良镛学术成就展”在南京市金陵美术馆举办。
《我的百科人生》出版。